Los secretos de los sueños

Angela Toffoli

LOS SECRETOS DE LOS SUEÑOS

A pesar de haber puesto el máximo cuidado en la redacción de esta obra, el autor o el editor no pueden en modo alguno responsabilizarse por las informaciones (fórmulas, recetas, técnicas, etc.) vertidas en el texto. Se aconseja, en el caso de problemas específicos —a menudo únicos— de cada lector en particular, que se consulte con una persona cualificada para obtener las informaciones más completas, más exactas y lo más actualizadas posible. EDITORIAL DE VECCHI, S. A. U.

© Editorial De Vecchi, S. A. 2018
© [2018] Confidential Concepts International Ltd., Ireland
Subsidiary company of Confidential Concepts Inc, USA
ISBN: 978-1-64461-075-6

El Código Penal vigente dispone: «Será castigado con la pena de prisión de seis meses a dos años o de multa de seis a veinticuatro meses quien, con ánimo de lucro y en perjuicio de tercero, reproduzca, plagie, distribuya o comunique públicamente, en todo o en parte, una obra literaria, artística o científica, o su transformación, interpretación o ejecución artística fijada en cualquier tipo de soporte o comunicada a través de cualquier medio, sin la autorización de los titulares de los correspondientes derechos de propiedad intelectual o de sus cesionarios. La misma pena se impondrá a quien intencionadamente importe, exporte o almacene ejemplares de dichas obras o producciones o ejecuciones sin la referida autorización». (Artículo 270)

ÍNDICE

Introducción 7
Mientras el hombre duerme el alma vela 7
— Animales. 8
— Astros y elementos. 9
— Acciones y sentimientos 9
— Plantas, flores, frutas y piedras 9
— Lugares y ambientes. 10
— Personas, personajes y objetos. 10
Tres reglas fundamentales para analizar sus sueños 11
Cómo obtener los números para ganar en la loto. 12

Diccionario de símbolos 15

INTRODUCCIÓN

Mientras el hombre duerme el alma vela

Un antiguo proverbio define, de esta forma, la esencia de los sueños, reveladores de verdades escondidas de las que se pueden obtener indicaciones y presagios. De hecho, los sueños son los portavoces del alma y con sus imágenes simbólicas nos proporcionan mensajes que son capaces de anunciar de antemano acontecimientos, tristes o felices, que sucederán en un futuro próximo. Nuestros antepasados siempre los tuvieron en gran estima porque los consideraban un trámite entre lo que querían los dioses y la inteligencia del hombre. Los egipcios, los caldeos, los griegos y los romanos les dedicaron muchos años de estudio para descubrir la clave que proporciona una interpretación correcta. La oniromancia se convirtió de esta forma en una ciencia a la que se daba gran importancia, que era capaz de predecir las epidemias, la escasez, las guerras, las buenas cosechas y las alianzas ventajosas. Los que se dedicaron a ello asumieron grandes poderes a los ojos de los reinantes y de las castas sacerdotales. A través de los siglos, esta ciencia se ha desarrollado y se ha transmitido hasta la época moderna. Aunque se perdió el concepto de sobrenatural, mantuvo el significado de premonición.

Muchos fueron los que la relegaron en el ámbito de la pura superstición hasta que Freud, con su obra sobre la simbología de los sueños, probó la relación entre estos y el inconsciente del soñador que, sin velos o falsos temores, podía de esta forma exteriorizar sus deseos más secretos o sus miedos más escondidos. Los sueños constituyen, sin duda alguna, una parte importante de nuestra vida porque, además de ayudarnos a descargar tensiones, nos permiten acercarnos a otros tipos de dimensiones o de realidades. Pero no todos los sueños tienen un valor de profecía, no todos son mensajes que el inconsciente lanza a la superficie como campanas de alarma para zarandear nuestra apatía. Antiguos estudiosos y psicoanalistas modernos coinciden al decir que no es necesario dar valor a los sueños que aparecen en las primeras horas de la noche, cuando todavía nos encontramos bajo la influencia de los factores externos o del estrés sufrido durante el día, o incluso que están provocados por estados morbosos o como consecuencia de preocupaciones o de cansancio excesivo. Tampoco lo merecen los que reproducen personas o hechos de los que se ha hablado antes de ir a dormir. Por esta razón es necesario efectuar una clara distinción entre los distintos tipos de sueños; los que se deben considerar son los que tienen lugar durante el alba, cuando el cuerpo y la mente ya han descansado. Entonces tendremos, de forma muy fácil, sueños premonitorios, que no son más que la manifestación de fuerzas físicas ocultas e inconscientes, que tienden a advertir al hombre sobre determinados acontecimientos futuros y a ayudarlo a resolver las propias dificultades.

Ahora ya podemos empezar el análisis de los sueños y de sus distintos aspectos como la antigua adivinación nos enseña a interpretar. A continuación veremos las características fundamentales que distinguen los diversos símbolos.

Animales

Fueron compañeros del hombre desde el principio de la civilización y no fue una casualidad que tuvieran, desde los tiempos más remotos, un importante papel en la formación de mitos, leyendas e incluso de la misma religión. La creencia popular asignó a estos símbolos oníricos valores de buen y mal augurio, según la mansedumbre o la agresividad del animal que se tenía en consideración durante el sueño. El psicoanálisis moderno, en cambio, reconoce en ellos los instintos inconscientes (sexuales, agresivos y benévolos) del soñador.

Astros y elementos

El hombre ha tenido siempre en gran consideración al Sol, a las estrellas, a la Luna y a los planetas que utilizaba tanto como punto de referencia para emprender viajes, como para regular la siembra y la recogida o para obtener adivinaciones o profecías. También representan un factor importante en los sueños porque el inconsciente los une de nuevo a experiencias primordiales y transmite en ellos un significado de vida o muerte, de pacificación o ruptura. Este discurso también vale para todos los elementos (lluvia, viento, nieve, etc.).

Acciones y sentimientos

Estos símbolos asumen en el sueño un papel muy importante puesto que con ellos el soñador consigue exteriorizar los propios miedos, los propios deseos, la forma de afrontar la vida y los problemas en general, las resoluciones que de manera inconsciente sabe que debe tomar y cómo debe enfrentarse a las relaciones tanto sexuales como sentimentales.

Plantas, flores, frutas y piedras

Todas las artes mánticas estudian estos símbolos desde hace milenios. Se les atribuyen valores mágicos y benéficos hasta el punto de que la astrología asigna a cada signo zodiacal una piedra como talismán y una planta o una flor como panacea para las desgracias y para que, con la propia influencia, ayuden a la persona a la que pertenecen astrológicamente. En el sueño indican el temperamento y la fortuna tanto en el campo amoroso y sexual como en el de los negocios.

Lugares y ambientes

Los lugares y los ambientes en los que la persona se encuentra en el sueño asumen una importancia predominante, en cuanto exteriorizan la capacidad de adaptación del soñador a la vida real y de amar o de hacerse amar, así como la actitud inconsciente hacia las distintas situaciones. Pueden ser conocidas o desconocidas, a veces incluso fantásticas, pero en cualquier caso expresan el estado de ánimo de la persona dormida que con estos símbolos muestra que acepta las propias responsabilidades o que huye de ellas, hasta refugiarse en un mundo creado expresamente por ella.

Personas, personajes y objetos

Estos símbolos exteriorizan la necesidad de protección, las ansias amorosas, el deseo de afecto, la vulnerabilidad y el estado de ánimo más o menos confiado hacia sí mismo y hacia los demás; la persona que sueña puede obtener de ellos la clave para entender y ayudarse a ella misma y a las personas que le rodean. Naturalmente, todo esto se dice en líneas muy generales porque el símbolo, representado por la palabra que distingue las distintas voces, no coincide con el significado que se tiene que dar al sueño, también porque en el sueño este símbolo no se presenta nunca por sí mismo, sino formando parte de una situación compuesta de diversos símbolos. Será necesario, entonces, examinar primero cada símbolo en particular y luego reunir los distintos significados para tener un cuadro preciso de todo el sueño. De esta forma podrá suceder que, no obstante algunos símbolos negativos, el contexto del sueño tenga al final una respuesta más que positiva. Además, algunos símbolos pueden aparecer varias veces en un sueño y tendremos que prestar una particular atención a ellos porque serán precisamente ellos los que proporcionen la clave para la explicación del mensaje onírico. A simple vista, este discurso parece un poco complicado para las personas que no se han interesado nunca por la oniromancia, pero si realmente se está interesado en este argumento y se quiere aprender a leer en los meandros del propio inconsciente ya se verá que con un poco de paciencia y aplicando unas sencillas reglas fundamentales, en breve tiempo se conseguirá entender los mecanismos de esta cosa maravillosa que son los sueños. En las siguientes páginas, proporcionaremos las reglas para analizar los sueños y las que se necesitan para obtener los números cabalísticos para el juego de la loto. ¡Buena suerte!

Tres reglas fundamentales para analizar sus sueños

Durante la noche todos nosotros soñamos. Algunas personas afirman que no sueñan nunca, pero esta aseveración es equivocada; significa únicamente que no se acuerdan. Los sueños constituyen la válvula de seguridad que permite descargar todas las tensiones acumuladas cuando estamos despiertos, y su significado no es nunca causal sino que refleja el intento del hombre para liberarse de los problemas que se esconden en su alma. Pueden contener símbolos cargados de significado sexual, reflejar miedos o deseos que se remontan a la infancia, o incluso revelar las aspiraciones del sujeto (deseo de protección, de comprensión, de afecto y de triunfo). En la mayoría de los casos, el sueño se vive en primera persona, pero no siempre el soñador aparece como en la realidad. A veces asume diversos aspectos (se ve más joven o más viejo, o incluso, con un aspecto distinto del real) otras veces interpreta papeles en contraposición con la propia existencia cotidiana. Incluso otros personajes que viven con el soñador en el sueño (y que pueden ser la pareja, conocidos, amigos o desconocidos) desarrollan un papel a veces determinante para el análisis posterior. Por esta razón resulta importante intentar recordar el propio sueño y conseguir analizarlo. Para llegar a esto tendremos que respetar las siguientes reglas:

- *Cuando nos despertamos* tenemos que permanecer un momento inmóviles en la cama, dejaremos fluir libremente nuestros pensamientos intentando relacionarlos con lo que hemos soñado. En la mayor parte de los casos, las primeras veces conseguiremos sólo recordar fragmentos de lo que hemos soñado, pero si practicamos nos daremos cuenta de que cada vez conseguimos descubrir más particulares hasta llegar al sueño completo.
- *Debemos acostumbrarnos* a anotar lo que hemos soñado. No debemos limitar las notas únicamente a los símbolos, sino extenderlas a las sensaciones que hemos obtenido (miedo, alegría, angustia, frío, calor).
- *Debemos aprender a descubrir* el significado de nuestro sueño analizando primero el símbolo en sí mismo y luego reuniendo los distintos símbolos y las diversas situaciones. De esta forma conseguiremos obtener la clave para entendernos y ayudarnos a nosotros mismos y a las personas que nos rodean y que apreciamos.

Cómo obtener los números para ganar en la loto

En la creencia de la cábala popular, cada sueño puede traducirse en número mediante operaciones aritméticas y este número, que sintetiza el sueño, se podrá jugar a la lotería. En este libro hemos aplicado la regla de las operaciones aritméticas y damos la explicación para que cada uno pueda extraer el número que tiene que jugar y que corresponde con su sueño, incluso el menos común y comprensible.

A cada letra del alfabeto le corresponde un número (como podemos ver en el recuadro inferior), por lo que será suficiente sumar entre ellos los números correspondientes a las letras solas que componen las palabras del objeto, personaje y situación que aparecen en el sueño para conocer el número que buscamos.

Pero este número tiene que estar comprendido entre el 1 y el 49 porque son estos los números de que disponemos en el juego de la loto, por lo que si la suma da una cifra superior, será necesario descomponer el número en cifras únicas y sumarlas entre ellas. El resultado de esta segunda suma será el número buscado.

VALOR NUMÉRICO DE LAS LETRAS

1	2	3	4	5	6	7	8	9
A	B	C	D	E	F	G	H	I
J	K	L	M	N	Ñ	O	P	Q
R	S	T	U	V	W	X	Y	Z

EJEMPLO: **Abad** que bendice = 51
El número se ha obtenido de la descomposición de

         A = 1   Q = 9   B = 2
         B = 2   U = 4   E = 5
         A = 1   E = 5   N = 5
         D = 4   D = 4
                                           I = 9
                                           C = 3
                                           E = 5

Puesto que el resultado de la suma es superior a 49, hay que descomponer las dos cifras que la componen, es decir 5 + 9 = 14; si la suma fuera superior a 100, por ejemplo 178, el resultado sería 16, es decir 1+7+8 y estos serían los números que se tendrían que jugar en la lotería.

Diccionario de Símbolos

A

Abad: Representa las amistades sinceras y duraderas, la protección y el secreto; soñar con él es un excelente augurio, sobre todo para los asuntos del corazón. Número para jugar a la loto: 8.
— *Que bendice:* recibirá una gran alegría de la persona amada. Número para jugar a la loto: 6.

Abadesa: Representa el misterio, la fe y la consolación. Número para jugar a la loto: 22.
— *Ser una:* todo lo que deseaba en el campo afectivo se cumplirá muy pronto. Número para jugar a la loto: 44.
— *Ver a una:* encuentros afortunados colmarán su soledad. Número para jugar a la loto: 36.

Abanico: Representa la salud, el bienestar y el poder. Número para jugar a la loto: 23.
— *Comprar uno:* su intenso trabajo le llevará a conseguir mejoras económicas considerables. Número para jugar a la loto: 7.
— *Utilizar uno:* todas sus iniciativas están protegidas por una buena estrella. Número para jugar a la loto: 10.
— *Ver uno:* sus estudios y sus proyectos mejorarán de forma radical. Número para jugar a la loto: 37.

Abedul: Antiguamente se creía que las ramas de este árbol tenían el poder de proteger las casas del fuego. Los cíngaros lo consideran un potente amuleto contra los rayos y el fuego. Soñar con él es siempre un óptimo auspicio porque anuncia que los negocios prosperarán de forma considerable. Número para jugar a la loto: 14.

Abeja: Simboliza la laboriosidad, la perseverancia, el optimismo y la dulzura. Número para jugar a la loto: 13.
— *Que se posa (por ejemplo sobre una flor):* triunfará en un proyecto que le parecía irrealizable. Número para jugar a la loto: 11.
— *Que trabaja:* su secreta ambición se verá cumplida. Número para jugar a la loto: 5.
— *Que vuela:* le esperan años de felicidad y de abundancia. Número para jugar a la loto: 35.

Abeto: Representa la eternidad, el éxito y los negocios duraderos. Número para jugar a la loto: 21.
— *Decorado:* un hecho inesperado provocará cambios favorables y radicales en sus negocios y en su trabajo. Número para jugar a la loto: 8.
— *Nevado:* le espera una unión muy feliz llena de serenidad, afecto y comprensión. Número para jugar a la loto: 40.

Abrazar: Simboliza el afecto, el acuerdo y el perdón. Número para jugar a la loto: 22.
— *A la madre:* ¡le espera una gran fortuna! Vencerá en todo lo que se proponga hacer. Número para jugar a la loto: 44.
— *A un hombre (para una mujer):* obtendrá de su pareja todo lo que su corazón desea. Número para jugar a la loto: 12.
— *A una mujer (para un hombre):* puede estar seguro de que ha conquistado a la persona deseada. Número para jugar a la loto: 12.
— *A un perro:* concluirá de forma ventajosa los negocios que ha iniciado hace poco. Número para jugar a la loto: 10.

Abrevar: Es sinónimo de bondad, de seguridad y de confianza. Número para jugar a la loto: 25.

— *Animales:* ¡la fortuna está de su parte! A partir de este momento puede intentar cualquier cosa. Número para jugar a la loto: 10.
— *Personas:* la alegría no abandonará nunca su casa, puede contar con protecciones influyentes. Número para jugar a la loto: 12.

Abrótano: Soñar con esta planta es un gran presagio. Antiguamente se creía que era favorable para los amantes y que los juramentos de amor realizados cerca de esta planta hacían que las uniones fueran indisolubles. Número para jugar a la loto: 31.

Abuelo: Véase *Antepasado*.

Acanto: Esta planta de grandes hojas recortadas simboliza la fidelidad. Soñar con ella indica que no tiene ningún motivo para dudar de la pareja que es sincera y fiel con usted. Número para jugar a la loto: 21.

Acariciar: Sinónimo de amabilidad y bondad de ánimo. Número para jugar a la loto: 41.
— *Una mano:* cambios profesionales inesperados le llevarán a una mejora económica considerable. Número para jugar a la loto: 6.
— *A un muerto:* ¡buen auspicio! Emprenderá negocios ventajosos y conseguirá considerables éxitos. Número para jugar a la loto: 15.
— *A un niño:* una próxima visita será el preludio para la conclusión positiva de sus deseos amorosos. Número para jugar a la loto: 8.

Acebo: Este árbol de hojas perennes está considerado como un símbolo muy afortunado para todos los enamorados. Soñar con él constituye un excelente presagio que aporta fortuna y felicidad. Número para jugar a la loto: 15.

Aceite: Representa la abundancia, la seguridad, la prosperidad y la gloria. Número para jugar a la loto: 32.

— *Cocinar:* alcanzará seguramente el éxito. Número para jugar a la loto: 8.
— *Comprar:* conquistará una posición social elevada. Número para jugar a la loto: 7.
— *Utilizar:* le espera la prosperidad. Número para jugar a la loto: 9.
— *Ver:* le concederán, para gran satisfacción suya, bastantes ocasiones para ganar todo cuanto deseaba tener. Número para jugar a la loto: 46.

Aceitunas: Representan la protección contra todo lo que es negativo. Número para jugar a la loto: 40.
— *Comer:* recuperará seguramente lo que había perdido. Número para jugar a la loto: 7.
— *Comprar:* debe tener coraje porque su situación está en vías de cambio, muy pronto recibirá grandes satisfacciones. Número para jugar a la loto: 15.
— *Ver:* debe mantener siempre con fuerza sus propósitos. Sólo así conseguirá la victoria sobre todos sus enemigos. Número para jugar a la loto: 9.

Achicoria: Representa la fortuna en el campo afectivo. Número para jugar a la loto: 45.
— *Cocer:* muy buenas noticias de amor le llevarán al máximo de la felicidad. Número para jugar a la loto: 13.
— *Cultivar:* le espera una unión rica de sentimientos y de pasión. Número para jugar a la loto: 15.
— *Recolectar:* conseguirá conquistar a la persona que le ha robado el corazón y vivirá momentos muy bonitos. Número para jugar a la loto: 9.
— *Ver:* su deseo de maternidad se verá pronto cumplido. Número para jugar a la loto: 14.

Acompañar: Es símbolo de lealtad, amistad, sentimientos sinceros y duraderos. Número para jugar a la loto: 29.

— *Animales:* tiene el viento en popa, la fortuna está de su parte, próximamente ganará en el juego. Número para jugar a la loto: 14.
— *A un ciego:* gracias a una intuición feliz, sus ingresos aumentarán de forma considerable. Número para jugar a la loto: 12.
— *A un herido:* se le presentarán ocasiones variadas y favorables para aumentar su actividad. Número para jugar a la loto: 12.

Acordeón: Simboliza la poesía, el romanticismo y la alegría. Número para jugar a la loto: 31.
— *Comprar uno:* puede llegar al corazón de la persona que le interesa pero no debe perder tiempo. Número para jugar a la loto: 6.
— *Tocar uno:* tendrá éxito sin lugar a dudas en esa actividad artística que tanto le gusta. Número para jugar a la loto: 10.
— *Ver uno:* le esperan muchos momentos de gran felicidad. Número para jugar a la loto: 45.

Adelfa: Antiguamente esta planta se consideraba como portadora de fortuna y de larga vida, además sus hojas constituían un amuleto para los problemas de corazón. Soñar con ella es siempre un excelente presagio anunciador de curaciones, óptimos negocios y amores correspondidos. Número para jugar a la loto: 18.

Adivinación: Representa el misterio, lo oculto, las ocasiones fortuitas y los presagios favorables. Soñar en cumplir una adivinación, por ejemplo la cartomancia, la astrología, utilizar el I ching, etc., anuncia la llegada de nuevas alternativas y el cumplimiento de los propios proyectos. Número para jugar a la loto: 48.

Adivinar: Representa los sueños fantásticos, los deseos favorecidos por la suerte y los proyectos llevados a buen fin. Número para jugar a la loto: 36.
— *Un número:* recuperará la habilidad y el *savoir faire* para corregir un error realizado en un momento de debilidad. Número para jugar a la loto: 13.

— *Un problema:* vivirá un momento verdaderamente favorable en el que conseguirá alcanzar todos los objetivos prefijados. Número para jugar a la loto: 9.
— *Un resultado:* nuestro ingenio y una buena dosis de fortuna le ayudarán a procurarse óptimos negocios. Número para jugar a la loto: 10.

Adolescente: Es sinónimo de simpatía, alegría y pureza; soñar con uno de ellos es de buen augurio y significa que gozará del afecto y de la estima de todos aquellos que aprecia. Número para jugar a la loto: 5.

Adopción: Representa la bondad de ánimo, el altruismo y la caridad. Soñar que adopta a alguien significa que en su trabajo y en sus aspiraciones le promoverán a un grado superior. Número para jugar a la loto: 33.

Adornar: Véase *Decorar*.

Adquirir: Véase *Comprar*.

Aduanero: Representa el juicio, el deber y la seguridad. Número para jugar a la loto: 26.
— *Acompañarlo:* conseguirá alcanzar esa posición de prestigio que tanto deseaba. Número para jugar a la loto: 10.
— *Encontrar a uno:* una decisión tomada de forma precipitada resultará muy buena y beneficiosa. Número para jugar a la loto: 14.
— *Serlo:* está a punto de llegar para usted una buena noticia, un regalo o un gesto amoroso. Número para jugar a la loto: 46.
— *Verlo:* su trabajo se verá recompensado dignamente, recibirá elogios y honores por sus méritos. Número para jugar a la loto: 40.

Aeroplano: Representa el coraje, la temeridad y la seguridad. Número para jugar a la loto: 31.

— *Pilotar uno:* ha llegado el momento de tomar esas decisiones que hasta ahora no ha afrontado. Número para jugar a la loto: 13.
— *Ver uno:* durante un viaje hará encuentros muy favorables para sus futuros proyectos. Número para jugar a la loto: 45.

África: Representa el misterio, las novedades, los acontecimientos positivos. Número para jugar a la loto: 27.
— *Estar allí:* descubrirá un secreto que le permitirá perseguir óptimas ventajas económicas. Número para jugar a la loto: 12.
— *Ver:* el éxito en los negocios llegará de improviso. Número para jugar a la loto: 41.

Ágata: Esta piedra, considerada mágica desde los tiempos antiguos, tiene el poder de proporcionar alegría y fuerza de ánimo. Se cuenta que es muy propicia como talismán porque protege de cualquier peligro y ayuda a superar todos los obstáculos. Soñar con ella es de muy buen augurio sobre todo para las personas que desarrollan una actividad relacionada con el campo porque tiene el poder de proporcionar cosechas abundantes y de proteger la época de siega. Número para jugar a la loto: 19.

Agua: De entre todos los símbolos oníricos este es uno de los más afortunados. Representa la vida, la regeneración, la serenidad y el nacimiento. Número para jugar a la loto: 10.
— *Bendita:* no debe dar importancia a los pequeños achaques porque goza de una óptima salud. Número para jugar a la loto: 32.
— *Cristalina:* su constancia será finalmente premiada, y lo que deseaba se cumplirá. Número para jugar a la loto: 7.
— *Hirviendo:* Se acercan cambios considerables, está a punto de llegarle mucho dinero. Número para jugar a la loto: 7.
— *De lluvia:* todo le favorecerá, recibirá lo mejor por lo que respecta a sus expectativas. Número para jugar a la loto: 34.
— *De manantial:* recibirá una sorpresa que le será de gran satisfacción. Número para jugar a la loto: 49.

Aguamarina: Esta piedra está considerada un potente talismán para los enamorados y para los esposos porque se dice que asegura la fidelidad de la pareja. Soñar con ella es de óptimo augurio porque indica que su relación está fundamentada en sólidas bases y que muy pronto desembocará en el matrimonio. Número para jugar a la loto: 33.

Águila: Representa la voluntad, el coraje, la fuerza y la victoria. Número para jugar a la loto: 20.
— *Que incuba:* tendrá una mejora en su posición porque se reconocerán sus méritos. Número para jugar a la loto: 6.
— *Ver una:* resoluciones afortunadas le harán rico y famoso. Número para jugar a la loto: 34.
— *Que vuela:* su actividad aumentará y se volverá más sólida y segura. Número para jugar a la loto: 42.

Aguzanieves: Este gracioso y pequeño pájaro es muy querido por los cíngaros que lo consideran un gran portador de fortuna, capaz de hacer que se cumplan los deseos de la persona que tiene la suerte de divisar este animal mientras vuela. Soñar con un aguzanieves (es muy similar al gorrión) presagia mucha fortuna en los negocios y el cumplimiento de los deseos amorosos. Número para jugar a la loto: 37.

Ahorcado: Simboliza la humildad, la regeneración y la devoción. Número para jugar a la loto: 30.
— *Serlo:* la diosa Fortuna le ha hecho esperar largo tiempo pero de ahora en adelante será pródiga en atenciones con usted. Número para jugar a la loto: 5.
— *Verlo:* un acontecimiento insólito le aportará un beneficio inesperado. Número para jugar a la loto: 44.

Ajedrez: Simboliza la afirmación, la voluntad, la paciencia y la intuición. Número para jugar a la loto: 29.
— *Comprarlo:* no debe tener miedo, conseguirá obtener grandes ganancias. Número para jugar a la loto: 13.

— *Jugar:* las empresas que empiece después de haber tenido este sueño están sin duda alguna destinadas al éxito. Número para jugar a la loto: 49.
— *Verlo:* es un presagio de una próxima mejora económica. Número para jugar a la loto: 43.

Ajuar: Simboliza la constancia, la parsimonia, la laboriosidad y los acontecimientos felices. Número para jugar a la loto: 14.
— *Bordarlo:* gozará de un amor sincero, su pareja es sabia y generosa. Número para jugar a la loto: 39.
— *Comprarlo:* puede confiar en la más absoluta dedicación por parte de la persona que ama. Número para jugar a la loto: 43.
— *Verlo:* una de sus más secretas aspiraciones se verá finalmente cumplida. Número para jugar a la loto: 28.

Alas: Representan el optimismo, los buenos propósitos y la esperanza. Número para jugar a la loto: 11.
— *Tenerlas:* pronto llegará el amor, la felicidad y el cumplimiento de todos sus deseos. Número para jugar a la loto: 40.
— *Verlas:* está atravesando un momento muy favorable para usted en el que cualquier iniciativa que tome tendrá seguramente éxito. Número para jugar a la loto: 25.

Alba: Es sinónimo de renacimiento, de evolución y de triunfo. Soñar con ella es un presagio muy favorable para las expectativas en el campo pecuniario, significa que se le presentarán magníficas ocasiones tanto para las inversiones como en el ámbito de su trabajo. Número para jugar a la loto: 5.

Albahaca: Representa la protección, el amor y la amistad. Número para jugar a la loto: 18.
— *Cultivarlas:* una persona amiga le ayudará a restablecer las relaciones con la persona con la que ha reñido. Número para jugar a la loto: 6.

— *Verla:* las promesas de amor que le hayan hecho se mantendrán. Número para jugar a la loto: 32.

Albergue: Representa las novedades, los traslados y las sorpresas. Número para jugar a la loto: 29.
— *Abarrotado:* le espera el éxito. Tendrá contacto con muchas personas que le serán útiles en sus relaciones sociales. Número para jugar a la loto: 13.
— *Buscar uno:* su prestigio personal y su personalidad han impresionado favorablemente a la persona que le interesaba, puede estar seguro de que ha alcanzado la meta anhelada. Número para jugar a la loto: 6.
— *Ver uno:* se encuentra en un momento decisivo para su porvenir, debe actuar con prudencia y no perder esta gran ocasión. Número para jugar a la loto: 43.

Alfombra: Representa la abundancia, el misterio, la alegría y la fortuna. Número para jugar a la loto: 34.
— *Comprarla:* su destino se presenta sujeto a cambios agradables. Número para jugar a la loto: 9.
— *Hacerla:* las acciones que ha realizado hasta ahora le llevarán seguramente a alcanzar sus objetivos. Número para jugar a la loto: 13.
— *Verla:* no debe abandonar sus esperanzas porque próximamente obtendrá resultados afortunados. Número para jugar a la loto: 48.
— *Volar encima de una:* un acontecimiento insólito cambiará radicalmente sus ideas y sus proyectos. Número para jugar a la loto: 49.

Algodón: Es un símbolo muy afortunado si el algodón está limpio. Número para jugar a la loto: 24.
— *Comprar:* será muy afortunado en todos los campos. Número para jugar a la loto: 8.
— *Ver:* alcanzará la comodidad a través de un premio. Número para jugar a la loto: 38.

Alianza: Se considera desde hace mucho tiempo el símbolo del amor absoluto y de las relaciones felices y duraderas. Número para jugar a la loto: 19.
— *Comprar una:* su pareja le ama profundamente y ya está empezando a hacer proyectos sobre ustedes. Número para jugar a la loto: 48.
— *Recibir una:* sus esperanzas sentimentales se realizarán muy pronto. Número para jugar a la loto: 7.
— *Regalar una:* su relación está evolucionando de forma apasionada y muy positiva. Número para jugar a la loto: 48.

Almendras: Simbolizan las buenas maneras, las verdades escondidas y las aprobaciones. Número para jugar a la loto: 32.
— *Comer:* todas sus expectativas encontrarán una bellísima confirmación. Número para jugar a la loto: 8.
— *Comprar:* le espera un matrimonio rico. Número para jugar a la loto: 7.
— *Cocinar:* gozará de agradables diversiones y hará nuevas amistades. Número para jugar a la loto: 9.
— *Ver:* un amigo suyo le procurará beneficios considerables. Número para jugar a la loto: 46.

Almirante: Representa el poder, el honor y el respeto. Número para jugar a la loto: 39.
— *Serlo:* su capacidad de discernimiento le será de gran ayuda en una situación muy enmarañada; adelantos en su carrera. Número para jugar a la loto: 14.
— *Verlo:* será muy cortejado y envidiado por sus conquistas. Número para jugar a la loto: 8.

Alondra: Simboliza la protección, el amor constante, la sinceridad y las relaciones duraderas. Número para jugar a la loto: 21.
— *Cantando:* una persona amiga vendrá en su ayuda, su porvenir está asegurado. Número para jugar a la loto: 5.

— *Volando:* hará el bien a alguien y esto le reportará mucha fortuna. Número para jugar a la loto: 43.

Altar: Representa el amor, la protección y la dedicación. Número para jugar a la loto: 19.
— *Subir a uno:* resolverá de forma feliz todas las adversidades que ha tenido que afrontar en el campo afectivo debido a las malas lenguas. Número para jugar a la loto: 46.
— *Ver uno:* en su ambiente de trabajo ha conquistado a todos por su seriedad y por su perspicacia, le espera una promoción. Número para jugar a la loto: 33.

Alumno: Representa la obediencia, la inocencia y la disponibilidad afectiva. Número para jugar a la loto: 12.
— *Encontrarse con uno:* encontrará la voluntad para superar este momento de crisis. Número para jugar a la loto: 13.
— *Ser:* un amor le hará feliz. Número para jugar a la loto: 32.
— *Ver a uno:* tiene que confiar más en sus capacidades y muy pronto alcanzará la meta. Número para jugar a la loto: 26.

Ama de llaves: Simboliza el apoyo, la defensa y el deber. Número para jugar a la loto: 31.
— *Encontrar una:* gracias a maniobras hábiles se verá promovido a un grado superior. Número para jugar a la loto: 10.
— *Ser una:* superará este momento de crisis y tendrá muchas satisfacciones en el campo conyugal. Número para jugar a la loto: 6.
— *Ver una:* vivirá un periodo muy positivo en el que le favorecerá el éxito en el campo profesional. Número para jugar a la loto: 45.

Amamantar: Representa el amor absoluto, la dedicación y los sentimientos tenaces. Número para jugar a la loto: 27.
— *Animales:* ha tomado la decisión correcta, ahora todo irá de la mejor forma posible. Número para jugar a la loto: 12.

— *Niños (para un hombre):* los problemas que tendrá que afrontar no son tan graves como piensa, conseguirá resolver todo de la mejor forma posible. Número para jugar a la loto: 3.
— *Niños (para una mujer):* su deseo de maternidad se verá cumplido. Número para jugar a la loto: 11.

Amante: Simboliza las novedades, las relaciones y el deseo. Número para jugar a la loto: 21.
— *Encontrarla (para un hombre):* vivirá momentos tiernos y divertidos con la persona amada. Número para jugar a la loto: 10.
— *Encontrarlo (para una mujer):* ha superado todos sus frenos, de ahora en adelante vivirá momentos felices con la persona amada. Número para jugar a la loto: 2.
— *Recuperarla (para un hombre):* este es un momento realmente mágico para usted; dispone de fortuna, afecto y felicidad. Número para jugar a la loto: 9.
— *Recuperarlo (para una mujer):* debe lanzarse de cabeza en una nueva situación que se le presentará, el momento se sitúa entre los más favorables. Número para jugar a la loto: 1.

Amar: Representa el deseo, la generosidad y la protección. Número para jugar a la loto: 11.
— *A animales:* una persona amiga vendrá en su ayuda, su porvenir está asegurado. Número para jugar a la loto: 41.
— *A personas conocidas:* todas sus esperanzas se cumplirán, obtendrá finalmente lo que desea desde hace tiempo. Número para jugar a la loto: 10.
— *A personas desconocidas:* un acontecimiento insólito y misterioso le llevará al colmo de la felicidad. Número para jugar a la loto: 9.

Amaranto: Entre todas las plantas esta es una de las más afortunadas sobre todo para las inversiones y los negocios. Antiguamente se creía que tenía la propiedad de hacer inmortal a la persona que se adornaba con sus flores y que proporcionaba salud. Soñar con ella constituye un excelente presagio para todos aquellos que trabajan por cuenta propia. Número para jugar a la loto: 28.

Amarillo: Véase *Colores*.

Amatista: Está equivocado el concepto de que esta piedra constituye un símbolo de mala suerte; esta creencia se debe únicamente al hecho de que su talla constituía un trabajo muy delicado y en la mayor parte de los casos durante el trabajo de talla se rompía. Se cuenta que las personas que llevan amatista en la parte izquierda del cuerpo no caerán nunca en manos del alcohol. Soñar con ella trae suerte en los asuntos del corazón y en los negocios en general. Número para jugar a la loto: 38.

Ámbar: Según las creencias populares antiguas, esta piedra, de un color muy bonito, combate la locura. Es verdad que precisamente de esta piedra nacieron los primeros estudios sobre la electricidad; se le atribuyen propiedades considerables de renacimiento hasta tal punto que se convirtió en una costumbre construir las boquillas de las pipas de este material porque se creía que haciéndolo de esta forma el fumador gozaría siempre de buena salud. En el sueño es un excelente presagio de novedades, curación y aumento considerable del dinero. Número para jugar a la loto: 13.

Amigo: Es sinónimo de afecto, sinceridad, lealtad y generosidad. Soñar en los propios amigos significa que se posee un ánimo sereno y leal. Número para jugar a la loto: 23.
— *Tener uno:* su futuro está lleno de felicidad. Número para jugar a la loto: 7.
— *Recuperar uno o varios:* hará el bien a alguien y esto le proporcionará mucha suerte. Número para jugar a la loto: 10.
— *Ver uno o varios:* todos sus deseos se realizarán en poco tiempo. Número para jugar a la loto: 37.

Anaranjado: Véase *Colores*.

Anchoas: Este símbolo constituye un presagio muy afortunado para todos aquellos que están a punto de emprender un viaje de negocios porque indica que del desplazamiento se derivarán fuertes ganancias. Número para jugar a la loto: 28.

Ancla: Representa la estabilidad, la constancia y la confianza. Número para jugar a la loto: 9.
— *Comprarla:* próximamente le espera una sorpresa y una gran alegría. Número para jugar a la loto: 38.
— *Utilizarla:* las decisiones que ha tomado le permiten alcanzar la meta anhelada. Número para jugar a la loto: 49.
— *Verla:* se encontrará en un momento decisivo para su porvenir; debe tener coraje para no perder esta perfecta ocasión. Número para jugar a la loto: 23.

Anillo: Representa el amor indisoluble, la sensualidad, la alegría y la constancia. Número para jugar a la loto: 19.
— *De hierro:* una agradable sorpresa le espera, debemos tener confianza en las personas que le quieren. Número para jugar a la loto: 14.
— *De marfil:* sus proyectos llegarán seguramente a buen puerto. Número para jugar a la loto: 45.
— *De oro:* le espera un periodo verdaderamente positivo tanto para el trabajo como para el amor. Número para jugar a la loto: 34.
— *De plata:* una buena noticia le alejará de sus preocupaciones. Número para jugar a la loto: 36.

Antena de televisión: Simboliza la novedad, las relaciones con los demás y la curiosidad. Número para jugar a la loto: 14.
— *Comprarla:* conseguirá triunfar sobre todos sus antagonistas. Número para jugar a la loto: 7.
— *Instalarla:* le espera un periodo especialmente positivo para los negocios; recibirá financiaciones ventajosas. Número para jugar a la loto: 9.

— *Verla:* está atravesando un periodo evolutivo en el que conseguirá colocar las bases para un futuro próspero y feliz. Número para jugar a la loto: 10.

Antepasado: Representa lo oculto, la protección y el secreto. Número para jugar a la loto: 41.
— *Acompañarlo:* su vida sufrirá un cambio decisivo, le espera un futuro próspero y feliz. Número para jugar a la loto: 7.
— *Verlo:* las iniciativas que le sugerirán le llevarán sin duda a lo que desea. Número para jugar a la loto: 10.

Anticuario: Representa la investigación, la riqueza y las ganancias. Número para jugar a la loto: 47.
— *Seguirlo:* la fortuna le ayudará a superar graves problemas. Número para jugar a la loto: 12.
— *Serlo:* ganará mucho dinero gracias a una intuición suya muy oportuna. Número para jugar a la loto: 13.
— *Verlo:* tendrá un cambio radical en su situación económica. Número para jugar a la loto: 7.

Antorcha: Representa el triunfo del amor, de la pasión y del deseo de pertenecer a la persona amada. Número para jugar a la loto: 36.
— *Empuñarla:* la persona que queremos está completamente subyugada por nuestros encantos y nos ama sincera y apasionadamente. Número para jugar a la loto: 8.
— *Verla:* próximas noticias o cambios favorables en el campo amoroso. Número para jugar a la loto: 5.

Anudar: Es símbolo de perseverancia, paciencia y amor profundo. Número para jugar a la loto: 17.
— *Hilo:* alcanzará la tranquilidad económica a través de una amistad de alto rango. Número para jugar a la loto: 39.
— *Lana:* la fortuna se encuentra totalmente de su parte, recibirá riquezas, honores y poder. Número para jugar a la loto: 23.

— *Pañuelos:* sus relaciones sentimentales son muy válidas y durarán mucho tiempo. Número para jugar a la loto: 48.

Apio: Simboliza la constancia, la prosperidad y el juicio. Número para jugar a la loto: 19.
— *Comer:* conquistará una posición social elevada a través de un matrimonio ventajoso. Número para jugar a la loto: 40.
— *Comprar:* conseguirá obtener un puesto de mando. Número para jugar a la loto: 48.
— *Cortar:* un nuevo encuentro le estimulará para ofrecer lo mejor de sí mismo. Número para jugar a la loto: 5.
— *Ver:* le espera un futuro maravilloso lleno de agradables novedades. Número para jugar a la loto: 33.

Aplaudir: Representa el éxito, la buena voluntad y las amistades de alto rango. Número para jugar a la loto: 30.
— *A actores:* obtendrá mejoras económicas considerables. Número para jugar a la loto: 13.
— *A cantantes:* alcanzará una posición de gran prestigio. Número para jugar a la loto: 9.
— *Ser uno mismo:* una persona amiga vendrá en su ayuda; su porvenir ya está asegurado. Número para jugar a la loto: 9.

Aprender: Representa la voluntad, la concordia y la sencillez. Número para jugar a la loto: 37.
— *Canciones:* tiene que atreverse porque en el amor, como en la guerra, todo está permitido. Número para jugar a la loto: 13.
— *Lecciones:* debe aceptar sin pensárselo mucho una nueva oferta de trabajo que resultará satisfactoria. Número para jugar a la loto: 15.
— *Poesías:* su futuro se presenta repleto de engatusadoras novedades en el campo amoroso. Número para jugar a la loto: 14.
— *Trabajos:* conseguirá afirmarse en cada cosa que empiece. Número para jugar a la loto: 10.

Arador: Representa la laboriosidad, la sencillez y la parsimonia. Número para jugar a la loto: 24.
- *Acompañarlo:* encontrará un tesoro de forma inesperada. Número para jugar a la loto: 8.
- *Serlo:* posiblemente recibirá una herencia o una donación. Número para jugar a la loto: 44.
- *Verlo:* encontrará a una persona realmente importante para su futuro que contribuirá a darle una mano para alcanzar aquello que más deseamos. Número para jugar a la loto: 38.

Árbol: es el símbolo de la abundancia y de la riqueza tanto sentimental como material. Número para jugar a la loto: 15.
- *Florido:* muy pronto encontrará una persona verdaderamente válida que le amará apasionadamente. Número para jugar a la loto: 5.
- *Con frutos:* gracias a su perseverancia, sus ingresos aumentarán considerablemente. Número para jugar a la loto: 6.

Ardilla: Representa la alegría, la previsión, el ahorro y el futuro. Número para jugar a la loto: 24.
- *Alimentarla:* recibirá grandes alegrías de sus hijos y de sus familiares. Número para jugar a la loto: 8.
- *Capturarla:* su deseo de afirmación se verá satisfecho. Número para jugar a la loto: 13.
- *Comprarla:* una acción realizada únicamente por bondad de ánimo le traerá agradables sorpresas. Número para jugar a la loto: 8.
- *Verla:* tiene la situación completamente bajo control, ahora puede decidir lo mejor. Número para jugar a la loto: 38.

Armario: Representa la protección, la paciencia y la constancia. Número para jugar a la loto: 31.
- *Abrirlo:* dispone de grandes posibilidades de sorprender a la persona que quiere conquistar. Número para jugar a la loto: 12.

— *Comprarlo:* conseguirá alcanzar el bienestar económico a través de la ayuda de personas influyentes. Número para jugar a la loto: 6.
— *Llenarlo:* la fortuna protege sus negocios, ganará grandes sumas de dinero. Número para jugar a la loto: 49.

Armiño: Representa la importancia, la grandeza, el respeto y el poder. Número para jugar a la loto: 28.
— *Capturarlo*: siente un fuerte deseo de modificar su vida. ¡Coraje!, seguramente lo conseguirá. Número para jugar a la loto: 8.
— *Comprarlo*: muy pronto sus negocios sufrirán un considerable aumento gracias a inesperadas intuiciones. Número para jugar a la loto: 12.
— *Verlo*: conseguirá triunfar en sus investigaciones y sus estudios de forma realmente sorprendente. Número para jugar a la loto: 42.

Arpa: Es sinónimo de conquista, de gloria, de voluntad moral. Número para jugar a la loto: 14.
— *Comprarlo:* alcanzará sus objetivos gracias a un inesperado golpe de fortuna. Número para jugar a la loto: 43.
— *Tocarlo:* está atravesando un periodo muy propicio para los sentimientos afectivos. Número para jugar a la loto: 38.
— *Verlo:* en su vida aparecerán cambios radicales que le harán feliz. Número para jugar a la loto: 28.

Arquitecto: Es sinónimo de inteligencia, confidencialidad y cálculo. Número para jugar a la loto: 9.
— *Hablar con uno:* es el momento más indicado para intentar el todo por el todo. La fortuna está de su lado. Número para jugar a la loto: 11.
— *Verlo:* conseguirá sobresalir por encima de todos aquellos que querían separarle de la persona amada. Número para jugar a la loto: 14.

Arroyo: Representa el renacimiento, el entusiasmo y la seguridad. Número para jugar a la loto: 29.
— *Atravesarlo:* uno de sus negocios pronto se concluirá de forma favorable. Número para jugar a la loto: 7.
— *Bañarse en uno:* su amor y su unión serán indestructibles. Número para jugar a la loto: 13.

Arroz: Es sinónimo de abundancia, de fecundidad y de serenidad. Número para jugar a la loto: 22.
— *Cocinar:* resolverá brillantemente una situación peligrosa que parecía trastornarle. Número para jugar a la loto: 7.
— *Comer:* le esperan años de abundancia y de prosperidad. Número para jugar a la loto: 43.
— *Comprar:* concluirá un negocio muy importante y difícil. Número para jugar a la loto: 6.
— *Ver:* alcanzará la estabilidad afectiva con una persona realmente válida. Número para jugar a la loto: 36.

As: Oníricamente es el símbolo más afortunado. En cartomancia todos los ases (incluso el de picas) encierran un significado positivo. Número para jugar a la loto: 9.
— *De corazones:* su amor será indestructible. Número para jugar a la loto: 47.
— *De diamantes:* fabulosas ganancias que caen llovidas del cielo. Número para jugar a la loto: 36.
— *De picas:* a pesar de las dificultades conseguirá obtener lo mejor en un tema delicado. Número para jugar a la loto: 35.
— *De tréboles:* agradables novedades en familia; encuentros inesperados. Número para jugar a la loto: 5.

Asado: Representa el deseo, la alegría y la compañía. Número para jugar a la loto: 18.
— *Cocinarlo:* en este periodo se verán muy favorecidas sus iniciativas tanto artísticas como comerciales. Número para jugar a la loto: 48.

— *Comprarlo:* le espera un periodo económico próspero y una amistad sincera y duradera. Número para jugar a la loto: 47.

Ascensor: Es sinónimo de ambición, de orgullo y de capacidad intelectual. Número para jugar a la loto: 39.
— *Subir a uno:* finalmente ha encontrado el coraje de atreverse. No debe tener miedo, sus actividades le proporcionarán grandes satisfacciones económicas. Número para jugar a la loto: 12.
— *Ver uno:* su ingenio unido al *savoir faire* le permiten obtener lo mejor de cada situación. Número para jugar a la loto: 8.

Asignación: Véase *Dinero*.

Asomarse: Denota curiosidad, inteligencia y voluntad. Número para jugar a la loto: 36.
— *A un balcón:* todas esas dificultades que se oponían a la realización de sus deseos, las superará felizmente. Número para jugar a la loto: 5.
— *A una ventana:* una noticia inesperada le abrirá la puerta a nuevas perspectivas laborales. Número para jugar a la loto: 6.

Astrólogo: Representa la magia, lo oculto y las premoniciones positivas. Número para jugar a la loto: 45.
— *Ser uno:* su vida tomará un giro decisivo: le espera un futuro próspero y feliz. Número para jugar a la loto: 11.
— *Ver uno:* debemos creer en las palabras que ha oído en sueños porque la persona que le aconseja es sincera y le protegerá. Número para jugar a la loto: 14.

Astronave: Representa el futuro, la ciencia y la inteligencia. Número para jugar a la loto: 40.
— *Capturar una:* sus decisiones son las correctas, todo lo que decida hacer le proporcionará grandes satisfacciones. Número para jugar a la loto: 11.

— *Pilotar una:* muy pronto conseguirá realizar una secreta aspiración. Número para jugar a la loto: 13.
— *Ver una:* sus proyectos amorosos están destinados al éxito. Número para jugar a la loto: 9.

Atar: Representa la voluntad. Número para jugar a la loto: 18.
— *Animales:* la diosa Fortuna le dará la fuerza física y el espíritu necesarios para superar este momento de estancamiento. Número para jugar a la loto: 48.
— *Cosas:* gracias a una afortunada coincidencia conseguirá cambiar un empleo poco agradable por otro más alentador. Número para jugar a la loto: 42.
— *Personas:* recuperará muy pronto el afecto de la persona que creía perdido para siempre. Número para jugar a la loto: 14.

Ataúd: Simboliza el misterio, lo oculto y el temor unido al renacimiento. Número para jugar a la loto: 16.
— *Comprar uno:* el momento de dificultad que está atravesando no tiene que asustarle porque precede a la fortuna que está por llegar. Número para jugar a la loto: 45.
— *Ver uno:* una mano amiga y desinteresada le sacará inesperadamente de las angustias en las que se encuentra. Número para jugar a la loto: 30.

Atlas: Es sinónimo de novedad, de curiosidad y de conocimientos. Número para jugar a la loto: 20.
— *Comprar uno:* uno de sus negocios se encuentra en el mejor momento, están a punto de llegar algunas novedades. Número para jugar a la loto: 49.
— *Consultar uno:* inesperadamente recibirá una gran suma de dinero. Número para jugar a la loto: 12.

Atleta: Simboliza la fuerza, la potencia y la voluntad. Número para jugar a la loto: 26.

— *Ser uno:* su trabajo está dando óptimos resultados; recibirá alabanzas y promociones por parte de su superiores. Número para jugar a la loto: 46.
— *Ver uno:* nada se interpone ahora entre usted y el éxito. Es el momento más idóneo para asumir riesgos. Número para jugar a la loto: 40.

Atravesar: Es sinónimo de curiosidad, de seguridad y de nobleza de ánimo. Número para jugar a la loto: 41.
— *Un bosque:* todos sus deseos amorosos se verán realizados (pero cuidado, la acción tiene que realizarse durante el día, si sucede durante la noche el significado es negativo). Número para jugar a la loto: 13.
— *Un campo:* un cambio inesperado le traerá felicidad y bienestar. Número para jugar a la loto: 11.
— *Un torrente:* todas sus iniciativas nacen bajo una buena estrella, disfruta de protecciones influyentes. Número para jugar a la loto: 9.

Aurora: Véase *Alba*.

Avellano: Desde hace milenios se le ha considerado un árbol mágico. De hecho, su madera se utilizaba para construir las varitas de los nigromantes que las utilizaban para efectuar sus encantamientos. Soñar con él constituye un bonito presagio anunciador de agradables novedades y de acontecimientos extraordinarios. Número para jugar a la loto: 18.

Avena: Representa la abundancia, los buenos encuentros y la tranquilidad. Número para jugar a la loto: 12.
— *Recolectar:* tiene la fortuna de su parte. En este momento puede atreverse a todo porque cada una de sus iniciativas acabará en éxito. Número para jugar a la loto: 12.
— *Ver:* sus estudios y sus proyectos estarán sometidos a cambios radicales y a mejoras. Número para jugar a la loto: 26.

Ayudar: Simboliza la dedicación, la abnegación y el afecto duradero. Número para jugar a la loto: 20.
- *A amigos:* recibirá finalmente una respuesta positiva de la persona amada y esto le hará muy feliz. Número para jugar a la loto: 6.
- *A enfermos:* es el momento de lanzarse de cabeza en su trabajo. Le esperan grandes satisfacciones. Número para jugar a la loto: 6.
- *A niños:* presagio muy favorable tanto en el campo del trabajo como en el del amor. Número para jugar a la loto: 49.

Ayuntamiento: Representa el orden, los proyectos iniciados y los contratos ventajosos. Número para jugar a la loto: 8.
- *Entrar en uno:* conseguirá superar todas las dificultades judiciales que tiene entre manos. Número para jugar a la loto: 13.
- *Estar en uno:* le escogerán para ocupar cargos públicos. Número para jugar a la loto: 11.
- *Ver uno:* sus especulaciones se verán favorecidas por la fortuna. No debe tener miedo de intentarlo. Número para jugar a la loto: 13.

Azada: Representa el cansancio, la consecución de los propios fines y el reconocimiento de los méritos. Número para jugar a la loto: 10.
- *Comprar una:* las tareas que le esperan son difíciles pero conseguirá realizarlas. Número para jugar a la loto: 39.
- *Utilizar una:* tiene que continuar trabajando porque dispone de amplias posibilidades para llevar a cabo una espléndida carrera. Número para jugar a la loto: 5.
- *Ver una:* todo el mundo le apreciará por su tenacidad y por su habilidad. Número para jugar a la loto: 24.

Azafrán: Representa la ambición, la voluntad de conquista y la curiosidad. Número para jugar a la loto: 22.
- *Cocinar:* le espera un amor ardiente que le llevará al séptimo cielo. Número para jugar a la loto: 7.
- *Coger:* le esperan grandes ganancias. Número para jugar a la loto: 48.

— *Comprar:* se encontrará en una situación insólita de la que saldrá airoso. Número para jugar a la loto: 6.
— *Utilizarlo (por ejemplo para teñir):* todo lo que ha aprendido de forma accidental le será muy útil para progresar profesionalmente. Número para jugar a la loto: 8.
— *Verlo:* recibirá muchas pruebas de amor y de confianza. Número para jugar a la loto: 36.

Azahar: Esta bonita flor representa la inocencia y la fidelidad y por esta razón todavía se utiliza en la actualidad para adornar el ramo de flores de las novias. Antiguamente se creía que era muy propicio para los enamorados y ellos mismos la recogían y la depositaban delante de la puerta de la casa de su enamorada para llamar la atención. Soñar con ella es un óptimo presagio que confirma el amor y la fidelidad de la pareja. Número para jugar a la loto: 21.

Azúcar: Simboliza las incógnitas, las novedades y los cambios. Número para jugar a la loto: 16.
— *Comer:* le espera una agradable sorpresa que le llenará de alegría. Número para jugar a la loto: 37.
— *Comprar:* bienestar y felicidad no tardarán en llamar a su puerta. Número para jugar a la loto: 45.
— *Utilizar:* recuperará su alegría habitual. Número para jugar a la loto: 11.
— *Ver:* conseguirá reconquistar a la persona que le había abandonado. Número para jugar a la loto: 40.

Azucena: Es el símbolo de la honestidad y de los sentimientos puros; se le atribuye el poder de alejar las malas influencias y los espíritus malignos. Soñar con ellas constituye un buen auspicio porque significa que conseguirá superar todos los acontecimientos negativos y que vencerá a todos sus rivales y enemigos. Número para jugar a la loto: 17.

Azul: Véase *Colores*.

B

Babosa: Representa la fortuna, el embarazo y el parto. Número para jugar a la loto: 18.
— *Encontrar una:* encontrará el camino correcto para poder realizar sus aspiraciones. Número para jugar a la loto: 6.
— *Recoger una:* la fortuna ha decidido llamar a su puerta. No debe dejar que le coja desprevenido. Número para jugar a la loto: 11.
— *Ver una:* no debe tener miedo, llevará a término su embarazo de la mejor forma posible. Número para jugar a la loto: 32.

Babuino: Es sinónimo de tranquilidad de ánimo, de vida serena y longeva. Número para jugar a la loto: 22.
— *Comprar uno:* esa cuestión que le angustia se acabará felizmente. Número para jugar a la loto: 6.
— *Ver uno:* disfrutará de mucha salud y alcanzará el éxito en su trabajo y en sus actividades. Número para jugar a la loto: 36.

Bacalao: Simboliza la constancia, la seguridad y la curiosidad. Número para jugar a la loto: 13.
— *Comer:* ganará mucho dinero gracias al apoyo de algunas personas influyentes. Número para jugar a la loto: 34.
— *Comprar:* hará grandes cosas y recibirá mayores recompensas. Número para jugar a la loto: 42.
— *Ver:* un negocio que le preocupa desde hace bastante tiempo acabará felizmente. Número para jugar a la loto: 27.

Baco: Representa la alegría, la abundancia y la serenidad. Número para jugar a la loto: 10.
— *Ser:* una de sus aspiraciones secretas se cumplirá sin falta. Número para jugar a la loto: 30.
— *Ver:* la fortuna le ayudará y le proporcionará ventajas en los negocios y en los encuentros. Número para jugar a la loto: 24.

Badil: Es sinónimo de fuerza, de perseverancia y de voluntad dirigida hacia el bien. Número para jugar a la loto: 17.
— *Comprar uno:* dispone de óptimas posibilidades de sorprender a sus superiores conquistando de esta forma un merecido lugar de prestigio. Número para jugar a la loto: 46.
— *Utilizar uno:* en el campo afectivo tendrá novedades agradables e inesperadas. Número para jugar a la loto: 12.
— *Ver uno:* sus estudios y sus proyectos serán una fuente de grandes satisfacciones tanto morales como materiales. Número para jugar a la loto: 31.

Bailar: Representa la sensualidad, la amabilidad y la fascinación. Número para jugar a la loto: 21.
— *En casa:* vivirá momentos muy felices con la persona que quiere. Número para jugar a la loto: 42.
— *En la discoteca:* estará muy solicitado y pasará noches muy agradables en compañía de personas fascinantes. Número para jugar a la loto: 14.
— *En un prado:* ganará una gran fortuna en el juego. Número para jugar a la loto: 5.

Bajar: Simboliza los objetivos alcanzados, las insidias desveladas, las ponderaciones. Número para jugar a la loto: 15.
— *De un avión:* tendrá experiencias muy interesantes durante un viaje de negocios. Número para jugar a la loto: 34.
— *De un coche:* no ha luchado en vano y muy pronto recibirá la recompensa correcta. Número para jugar a la loto: 38.

— *De un tranvía:* será elegido árbitro en una situación delicada y conseguirá que todo el mundo le quiera. Número para jugar a la loto: 45.

Balanza: Representa la justicia, el bien que lucha contra el mal y la reflexión. Número para jugar a la loto: 12.
— *Comprar una:* recibirá una recompensa por todo lo que creía que había hecho en vano. Número para jugar a la loto: 41.
— *Utilizar una:* ha sido elegido árbitro de una situación delicada, pero no debe tener miedo porque sabrá actuar de la mejor forma posible. Número para jugar a la loto: 7.
— *Ver una:* sus propósitos son justos y llegarán seguramente a buen puerto. Número para jugar a la loto: 26.

Ballena: Es símbolo de maternidad, de fecundidad, de amor feliz y duradero y de óptimos negocios. Número para jugar a la loto: 14.
— *Capturar una:* su pareja le ama sinceramente y está haciendo sobre usted proyectos concretos. Número para jugar a la loto: 48.
— *Ver una:* recibirá felicitaciones que compensarán los sacrificios realizados hasta el momento. Número para jugar a la loto: 28.

Ballesta: Es sinónimo de coraje, audacia y abnegación. Número para jugar a la loto: 35.
— *Comprar una:* las iniciativas que ha tomado le llevarán sin duda hasta lo que más desea. Número para jugar a la loto: 10.
— *Utilizar una:* una agradable sorpresa le traerá mejoras en la economía. Número para jugar a la loto: 12.
— *Ver una:* alcanzará la tranquilidad económica gracias a algunos amigos de confianza. Número para jugar a la loto: 49.

Balompié: Véase *Fútbol*.

Balsa: Representa la salvación, las acciones afortunadas, la esperanza y los peligros exorcizados. Número para jugar a la loto: 13.

— *Estar en una:* los proyectos que estaban a punto de ser abandonados encontrarán una solución feliz. Número para jugar a la loto: 43.
— *Ver una:* una persona amiga le dará una mano para sacarle de una situación crítica. Número para jugar a la loto: 27.

Bálsamo: Es sinónimo de consolación y de bondad de ánimo. Número para jugar a la loto: 19.
— *Comprar:* recibirá buenas noticias y le harán un regalo fabuloso. Número para jugar a la loto: 48.
— *Utilizar:* óptimo presagio para una larga y feliz vida. Número para jugar a la loto: 14.
— *Ver:* muy pronto conseguirá encontrar la solución más adecuada para todos los problemas que le angustian. Número para jugar a la loto: 33.

Banco: Representa el reposo, los cosas conseguidas y la quietud. Número para jugar a la loto: 13.
— *Construirlo:* el éxito llama a su puerta, ahora ya no tiene nada más que pedir. Número para jugar a la loto: 10.
— *Verlo:* sus ingresos aumentarán gracias a un acierto en la loto. Número para jugar a la loto: 27.

Banda: Representa la alegría, el optimismo, los buenos propósitos y la juventud. Número para jugar a la loto: 11.
— *Acompañarla:* en un futuro muy próximo se perfilan sensibles beneficios y ganancias. Número para jugar a la loto: 40.
— *Escucharla:* un encuentro insólito y misterioso le proporcionará la felicidad que perseguía desde hace tiempo. Número para jugar a la loto: 47.
— *Verla:* lo que desea ardientemente se cumplirá dentro de poco tiempo. Número para jugar a la loto: 25.

Banda de jazz: Representa la sociedad, las relaciones de trabajo y las distracciones. Número para jugar a la loto: 31.

— *Escuchar una:* obtendrá resultados muy satisfactorios en algunos de sus experimentos. Número para jugar a la loto: 13.
— *Ver una:* tiene todas las cartas en regla para alcanzar el éxito. Número para jugar a la loto: 45.

Bandeja: Simboliza los dones inesperados, los reconocimientos y las noticias agradables. Número para jugar a la loto: 20.
— *Llenar una:* superará las contrariedades laborales y alcanzará una posición de mando. Número para jugar a la loto: 38.
— *Llevar una:* conseguirá obtener un crédito que creía inalcanzable. Número para jugar a la loto: 37.
— *Ver una:* recibirá una inesperada prueba de afecto que le llenará de alegría. Número para jugar a la loto: 34.

Banquete: Representa las buenas amistades, la alegría y la sinceridad. Número para jugar a la loto: 32.
— *De bodas:* el amor le espera, no debe dejarlo escapar. Número para jugar a la loto: 6.
— *Estar en uno:* conseguirá realizar felizmente todas sus esperanzas y sus deseos. Número para jugar a la loto: 8.

Barandilla: Simboliza las protecciones influyentes, la confianza y la voluntad. Número para jugar a la loto: 30.
— *Apoyarse en una:* le sugerirán remedios muy eficaces que, puestos en práctica, le llevarán a la tranquilidad económica. Número para jugar a la loto: 13.
— *Pintar una:* el momento que está viviendo se demostrará para usted muy positivo, conseguirá lanzar bases sólidas para su futuro. Número para jugar a la loto: 10.
— *Ver una:* es probable un nuevo encuentro que aportará cambios radicales en la su vida. Número para jugar a la loto: 44.

Barba: Es sinónimo de deber, de sinceridad y de seguridad. Número para jugar a la loto: 13.

— *Peinarla:* tendrá un matrimonio feliz en el que reinará soberano el entendimiento. Número para jugar a la loto: 43.
— *Tener (para un hombre):* conseguirá cumplir grandes cosas eliminando todos los obstáculos y los adversarios. Número para jugar a la loto: 16.
— *Tener (para una mujer):* todo le será favorable; conseguirá alcanzar el éxito y las satisfacciones que se merece. Número para jugar a la loto: 8.
— *Ver una:* alcanzará, junto con el prestigio, la posición por la que tanto ha luchado. Número para jugar a la loto: 27.

Barca: Es sinónimo de cambios, de evoluciones y de nuevas y esperanzadoras perspectivas. Número para jugar a la loto: 14.
— *Pilotar una:* se ha merecido el bienestar y la prosperidad, de ahora en adelante ya no tendrá más problemas. Número para jugar a la loto: 5.
— *Ver una:* muy pronto tendrá una agradable sorpresa, la persona que esté buscando casa la encontrará en poco tiempo. Número para jugar a la loto: 28.

Barómetro: Representa la ligereza, el entusiasmo y la inseguridad. Número para jugar a la loto: 41.
— *Comprar uno:* no debe tener miedo, todos le ayudarán para que consiga buenos ingresos. Número para jugar a la loto: 7.
— *Ver uno:* es un presagio de una próxima mejora económica. Número para jugar a la loto: 10.

Barquero: Simboliza la paciencia, la solidaridad y la ternura. Número para jugar a la loto: 33.
— *Ser uno:* un fortuna inesperada visitará su casa y su familia. Número para jugar a la loto: 8.
— *Ver uno:* este símbolo es muy positivo, significa que todo lo que desea se cumplirá positivamente. Número para jugar a la loto: 47.

Barril: Es sinónimo de abundancia, de buenas amistades y de tranquilidad económica. Número para jugar a la loto: 27.
— *Llenar uno:* las empresas que empiece después de haberse cumplido este sueño están destinados al éxito. Número para jugar a la loto: 45.
— *Transportar uno:* tendrá una carrera fulgurante y disfrutará de una excelente posición. Número para jugar a la loto: 16.
— *Ver uno:* recibirá una declaración o una confirmación de la persona amada. Número para jugar a la loto: 41.

Baúl: Representa la constancia, el secreto y la dedicación. Número para jugar a la loto: 5.
— *Abierto:* tiene que aprovechar este momento de fortuna porque no se repetirá. Número para jugar a la loto: 42.
— *Repleto:* ningún obstáculo entorpece sus deseos, ganará en el juego. Número para jugar a la loto: 41.

Bautismo: Simboliza la seguridad, la tranquilidad y la protección. Número para jugar a la loto: 36.
— *Darlo:* todavía no se ha dado cuenta pero está acariciando la fortuna. Número para jugar a la loto: 48.
— *Recibirlo:* después de un corto viaje, el futuro le reservará muchos y agradables cambios. Número para jugar a la loto: 15.

Bayas: Presentan las novedades agradables tanto para el corazón como para los negocios en general. Número para jugar a la loto: 18.
— *Buscar:* sus temores son infundados; la persona que le gusta ya le ha descubierto y pronto será completamente suya. Número para jugar a la loto: 40.
— *Comer:* su existencia sufrirá un cambio repentino que le llevará hasta la cumbre de la felicidad. Número para jugar a la loto: 39.
— *Ver:* suerte en el juego. Número para jugar a la loto: 32.

Beber: Representa el cumplimiento de los deseos, la solución de los problemas y los obstáculos superados. Número para jugar a la loto: 21.

— *Agua fresca:* todo funciona a la perfección en sus asuntos del corazón. Número para jugar a la loto: 7.
— *Café:* tendrá ganancias fabulosas. Número para jugar a la loto: 36.
— *Leche:* ahora que ha conseguido atrapar la suerte no debe dejar que se le escape. Número para jugar a la loto: 43.
— *Vino:* todos los problemas que le atenazaban encontrarán una repentina solución y recuperará de esta forma la alegría y la felicidad. Número para jugar a la loto: 26.

Bellota: Representa la protección, la consolación y la llegada de acontecimientos positivos. Número para jugar a la loto: 23.
— *Comer una:* su salud mejorará considerablemente dentro de poco. Número para jugar a la loto: 44.
— *Recoger una:* recibirá toda la ayuda necesaria para que pueda llevar a término negocios muy importantes. Número para jugar a la loto: 7.
— *Ver una:* se dará cuenta de improviso de que tiene muchos amigos sinceros dispuestos a ayudarle. Número para jugar a la loto: 37.

Berilo: Véase *Aguamarina.*

Besar: Sinónimo de amor, de afecto y de lealtad. Número para jugar a la loto: 23.
— *Animales:* se enamorará y se verá correspondido por una persona que hace poco que conoce. Número para jugar a la loto: 8.
— *Cosas:* un proyecto propio, que creía que había fracasado, se realizará de la mejor de las maneras. Número para jugar a la loto: 47.
— *Personas:* obtendrá una gran fortuna en el campo económico. Número para jugar a la loto: 10.

Biblioteca: Representa el conocimiento, la laboriosidad, la curiosidad y el saber. Número para jugar a la loto: 45.
— *Estar en una:* todos sus esfuerzos se verán recompensados de forma adecuada a sus deseos. Número para jugar a la loto: 12.

— *Ver una:* no debe tener miedo, sus acciones son correctas. Número para jugar a la loto: 14.
— *Visitar una:* todo lo que ha aprendido hasta ahora le será de gran ayuda para sus proyectos futuros. Número para jugar a la loto: 9.

Bigote: Es sinónimo de amabilidad, de alegría y de bondad de ánimo. Número para jugar a la loto: 36.
— *Peinar uno:* todos sus esfuerzos dirigidos a conquistar el éxito se verán premiados. Número para jugar a la loto: 12.
— *Tener:* recibirá un buen consejo que le será de gran utilidad para mejorar sus intereses. Número para jugar a la loto: 11.
— *Ver uno:* el amor en este periodo será para usted lo más importante, alcanzará los niveles más altos de felicidad. Número para jugar a la loto: 5.

Billete: Véase *Dinero*.

Binóculo: Es sinónimo de clarividencia, de obstinación y de éxito seguro. Número para jugar a la loto: 27.
— *Utilizar uno:* llevará sin duda a término de forma favorable una cuestión judicial que le angustiaba. Número para jugar a la loto: 13.
— *Ver uno:* se anuncia para usted un periodo de intensa felicidad. Número para jugar a la loto: 41.

Biombo: Simboliza los secretos y las acciones llevadas a buen término. Número para jugar a la loto: 23.
— *Utilizar uno:* conseguirá destacar con astucia sobre sus contrincantes. Número para jugar a la loto: 9.
— *Ver uno:* tiene que mantener bien vigiladas sus intenciones reales, sólo de esta forma realizará lo que desea. Número para jugar a la loto: 37.

Blasón: Simboliza la eternidad, el equilibrio, la esperanza y la serenidad. Número para jugar a la loto: 19.

— *Bordar uno:* conseguirá tomar una decisión que será muy importante para su unión familiar. Número para jugar a la loto: 44.
— *Pintar uno:* impondrá sus ideas y sus voluntades a personas que intentaban derrotarle. Número para jugar a la loto: 8.
— *Ver uno:* conseguirá tener a su disposición todos los medios necesarios para proseguir sus investigaciones. Número para jugar a la loto: 33.

Boca de incendios: Representa la ayuda, la protección y los peligros descubiertos. Número para jugar a la loto: 13.
— *Comprar una:* se le presentarán posibilidades de transferencias o de aumento de sueldo que equilibrarán su frágil balanza. Número para jugar a la loto: 15.
— *Utilizar una:* el destino le reserva sorpresas en el campo profesional. Número para jugar a la loto: 8.
— *Ver una:* si tiene la intención de mejorar su situación este es el momento adecuado para actuar. Número para jugar a la loto: 9.

Boda: Representa el amor, la fecundidad, los vínculos y las acciones afortunadas. Número para jugar a la loto: 11.
— *Participar en una:* encontrará una persona adecuada para usted que le amará apasionadamente. Número para jugar a la loto: 13.
— *Ver una:* sus deseos amorosos se verán satisfechos. Número para jugar a la loto: 25.

Bodega: Simboliza los secretos, las aspiraciones no realizadas y la compensación. Número para jugar a la loto: 23.
— *Estar en una:* le espera la comodidad y una mejora en la salud. Número para jugar a la loto: 8.
— *Ir a la:* una llamada telefónica inesperada le llevará hasta el séptimo cielo. Número para jugar a la loto: 39.

Bolso: Representa la parsimonia, la custodia, el ahorro y la diligencia. Número para jugar a la loto: 19.

— *Comprar uno:* muy pronto encontrará la solución a sus problemas afectivos. Número para jugar a la loto: 48.
— *Encontrar uno:* tiene que proponer con seguridad sus proyectos porque seguramente serán aceptados. Número para jugar a la loto: 7.
— *Ver uno:* recibirá muchas invitaciones; no debe desatender a ninguna porque entre ellas se encuentra una que será muy afortunada para usted. Número para jugar a la loto: 33.

Bomba atómica: Es sinónimo de fuerza, de poder, de revancha y de peligro que se tiene que evitar. Número para jugar a la loto: 40.
— *Construir una:* sus métodos serán seguramente poco ortodoxos, pero sin duda le asegurarán un ascenso rápido. Número para jugar a la loto: 10.
— *Ver una:* tiene que ser más decidido porque existen posibilidades serias de alcanzar la solución deseada en lo que se refiere a sus negocios. Número para jugar a la loto: 9.

Bordar: Representa las relaciones sociales elevadas, la voluntad y la felicidad. Número para jugar a la loto: 25.
— *Iniciales:* recibirá finalmente una respuesta positiva de la persona que ama y todo esto le hará muy feliz. Número para jugar a la loto: 10.
— *Ropa blanca:* obtendrá un desarrollo positivo en un negocio que hasta el momento resultaba precario. Número para jugar a la loto: 8.
— *Vestidos:* tendrá nuevos contactos con personas que resultarán útiles para la ampliación de su actividad. Número para jugar a la loto: 11.

Bosque: Simboliza la paz, la serenidad, la alegría y la opulencia. Número para jugar a la loto: 26.
— *Pasear por uno:* si la acción tiene lugar durante el día es de muy buen auspicio porque significa que todas las expectativas del momento se cumplirán. Número para jugar a la loto: 8.

— *Ver uno:* la fortuna le sonríe, tiene que aprovecharse de este feliz momento. Número para jugar a la loto: 40.

Botas: Simbolizan las metas prefijadas, las ayudas inesperadas y el destino. Número para jugar a la loto: 24.
— *Calzárselas:* sus capacidades están destinadas a ser valoradas de la mejor forma posible y esto le dará muchas satisfacciones. Número para jugar a la loto: 8.
— *Comprarse unas:* llegan para usted circunstancias muy favorables que le permitirán obtener lo que desea. Número para jugar a la loto: 12.
— *Limpiarlas:* ha llegado el momento de recoger lo que había sembrado tan pacientemente. Número para jugar a la loto: 13.
— *Ver unas:* la suerte vendrá a ayudarle inesperadamente concediéndole buena salud y oportunidades favorables. Número para jugar a la loto: 38.

Botella: Representa la curiosidad, el atrevimiento y la destreza. Número para jugar a la loto: 23.
— *Comprar una:* recibirá una inesperada ayuda de una persona amiga que le será muy útil para su porvenir. Número para jugar a la loto: 7.
— *Utilizar una:* una buena acción que ha realizado le traerá mucha suerte. Número para jugar a la loto: 9.
— *Ver una:* su futuro está lleno de felicidad. Número para jugar a la loto: 37.

Botones: Simboliza las novedades y los cambios agradables. Número para jugar a la loto: 35.
— *Encontrar uno:* tendrá la posibilidad de incrementar su ingresos. Número para jugar a la loto: 14.
— *Ser uno:* recibirá una carta o una llamada telefónica que le hará cambiar de idea sobre algunas decisiones tomadas en el campo afectivo. Número para jugar a la loto: 10.

— *Ver uno:* vivirá felizmente una relación que hasta ahora le había ocasionado bastantes dolores de cabeza. Número para jugar a la loto: 49.

Bozal: Representa los impedimentos, los cotilleos y la voluntad. Número para jugar a la loto: 11.
— *Comprar uno:* se librará sin ningún problema de una persona que le es desagradable. Número para jugar a la loto: 40.
— *Utilizar uno:* triunfará sobre todos aquellos que querían hacerle daño. Número para jugar a la loto: 6.
— *Ver uno:* conseguirá alejar sus angustias. Número para jugar a la loto: 25.

Brezo: Esta planta está considerada desde hace milenios como un símbolo afortunado, sobre todo si se trata de la especie blanca que ya se ha vuelto imposible de localizar. Soñar con ella constituye un óptimo presagio porque anuncia acontecimientos afortunados y el éxito sobre todos los enemigos. Número para jugar a la loto: 21.

Broche: Simboliza los secretos, las empresas arriesgadas pero rentables y los imprevistos. Número para jugar a la loto: 29.
— *Colocarse uno:* aunque haya actuado un poco precipitadamente, el éxito le sonreirá. Número para jugar a la loto: 11.
— *Comprar uno:* uno de sus proyectos que había sufrido un cierto retraso se resolverá en poco tiempo. Número para jugar a la loto: 13.
— *Ver uno:* si sabe mitigar los impulsos, su situación mejorará considerablemente. Número para jugar a la loto: 43.

Buey: Representa la constancia, la paciencia, la fuerza física y el esfuerzo de voluntad. Número para jugar a la loto: 14.
— *Conducir uno:* ha llegado la hora de recoger lo que ha sembrado, se encontrará con sorpresas agradables. Número para jugar a la loto: 48.

— *Ver uno:* tiene que aprovechar todas las ocasiones que le ofrecerán. Número para jugar a la loto: 28.

Búfalo: Es sinónimo de fuerza, de tozudez, de potencia y de voluntad indestructible. Número para jugar a la loto: 15.
— *Cabalgar sobre uno:* los problemas que tendrá que afrontar no son irresolubles y triunfará. Número para jugar a la loto: 38.
— *Capturar uno:* ha dado en el clavo con sus ideas; nada se entromete entre usted y lo que desea. Número para jugar a la loto: 49.
— *Ver uno:* muy pronto encontrará lo que estaba buscando desde hace tiempo. Número para jugar a la loto: 29.

Bufanda: Representa la reconciliación, la paciencia y la voluntad incontrolable. Número para jugar a la loto: 18.
— *Hacer una:* muchas personas tienen confianza en usted y le proporcionarán la prueba concreta. Número para jugar a la loto: 42.
— *Comprar una:* conseguirá tener aquello que desde hace mucho tiempo está buscando. Número para jugar a la loto: 47.
— *Ver una:* su pareja volverá a buscarle más enamorada que nunca. Número para jugar a la loto: 32.

Buhardilla: Simboliza la constancia, la voluntad de destacar. Número para jugar a la loto: 35.
— *Modernizada:* alcanzará todo lo que se ha propuesto y ello le proporcionará una gran satisfacción. Número para jugar a la loto: 15.

Butaca: Representa la seguridad, la tranquilidad y la protección. Número para jugar a la loto: 17.
— *Comprar una:* sus dificultades son momentáneas, la fortuna está preparando acontecimientos formidables para usted. Número para jugar a la loto: 46.
— *Estar en una:* estará favorecido por la suerte en la redacción de algunos contratos. Número para jugar a la loto: 47.
— *Ver una:* presagia larga vida. Número para jugar a la loto: 31.

C

Caballero: Simboliza la fuerza de ánimo, la generosidad y el éxito en las empresas. Número para jugar a la loto: 25.
— *Ser uno:* no tiene que dejar que le asusten los obstáculos que tendrá que afrontar porque seguramente alcanzará las metas deseadas. Número para jugar a la loto: 45.
— *Ver a uno:* sus deseos más secretos se cumplirán. Número para jugar a la loto: 39.

Caballo: Representa el deseo, el amor ardiente y la posesión. Número para jugar a la loto: 13.
— *Blanco:* la fortuna y el éxito llamarán próximamente a su puerta. Número para jugar a la loto: 27.
— *Cabalgar uno:* se entiende perfectamente con su pareja, el amor y el deseo se funden en una única magia. Número para jugar a la loto: 36.
— *Salvaje:* puede atreverse a todo porque nunca como ahora ha disfrutado de la protección de la diosa Fortuna. Número para jugar a la loto: 35.

Cabina: Representa la seguridad, la ductibilidad, la defensa y la tutela. Número para jugar a la loto: 19.
— *Estar en una:* durante mucho tiempo ha buscado el afecto y la comprensión, ahora le llega la recompensa: esa persona le dará lo que desea. Número para jugar a la loto: 49.

— *Ver una:* goza del apoyo de amistades sinceras y desinteresadas. Número para jugar a la loto: 33.

Cablegrama: Representa las noticias, los cambios y las novedades. Número para jugar a la loto: 30.
— *Recibir uno:* muy pronto obtendrá una respuesta positiva que le hará feliz. Número para jugar a la loto: 9.
— *Ver uno:* recibirá una carta o una llamada telefónica que le aportará algo inusitado. Número para jugar a la loto: 44.

Cabrito: Véase *Cordero*.

Café: Representa el optimismo, los proyectos positivos y el cumplimiento de los deseos. Número para jugar a la loto: 15.
— *Beber:* sus ingresos aumentarán de forma vertiginosa. Número para jugar a la loto: 36.
— *Comprar:* tendrá mucho éxito tanto en el amor como en los negocios. Número para jugar a la loto: 44.
— *Vender:* obtendrá un éxito seguro en ese proyecto que tanto le preocupa. Número para jugar a la loto: 41.

Caja: Simboliza el secreto, el saber, las novedades y la custodia. Número para jugar a la loto: 9.
— *Abrir una:* descubrirá una oportunidad muy favorable y conseguirá cogerla al vuelo. Número para jugar a la loto: 35.
— *Comprar una:* sus secretos están bien guardados, conseguirá alcanzar de esta forma sus objetivos. Número para jugar a la loto: 38.
— *Ver una:* todo se desarrollará según sus propios deseos. Número para jugar a la loto: 23.

Calabaza: Representa la salvación, la fecundidad y el deseo de evasión. Número para jugar a la loto: 13.
— *Comer una:* le espera una importante ascensión de grado. Número para jugar a la loto: 34.

— *Cultivar una:* superará sin demasiadas dificultades exámenes importantes. Número para jugar a la loto: 46.
— *Ver una:* recibirá una respuesta que esperaba con ansia y que será positiva. Número para jugar a la loto: 27.

Caldera: Representa el deseo, el amor ardiente y las uniones indisolubles. Número para jugar a la loto: 22.
— *Instalar una:* su deseo de afecto se verá ampliamente satisfecho por una pareja atenta a sus demandas. Número para jugar a la loto: 8.
— *Ver una:* la relación con el ser querido será estable y apasionada. Número para jugar a la loto: 36.

Caldero: Representa la abundancia, la voluntad y los ingresos. Número para jugar a la loto: 25.
— *Comprar uno:* tiene que continuar en las iniciativas dejadas momentáneamente en suspenso porque están destinadas al éxito. Número para jugar a la loto: 9.
— *Lavar uno:* recibirá una respuesta positiva a su demanda de empleo. Número para jugar a la loto: 37.
— *Llenar uno:* todo lo que desea se cumplirá en poco tiempo. Número para jugar a la loto: 43.
— *Ver uno:* su vida afectiva resultará llena de satisfacciones. Número para jugar a la loto: 29.

Caldo: Simboliza la continuidad, las alianzas ventajosas y la meta que se quiere alcanzar. Número para jugar a la loto: 13.
— *Beber:* dentro de poco se acabarán las adversidades y conseguirá encontrar de nuevo la salud y el buen humor. Número para jugar a la loto: 34.
— *Preparar:* todos sus deseos encontrarán la mejor respuesta. Número para jugar a la loto: 6.
— *Ver:* debe creer en lo que el sueño le aconseja que haga porque el mensaje que le ha enviado se encuentra entre los más propicios. Número para jugar a la loto: 27.

Calendario: Representa la perseverancia, la paciencia y la actitud en el mando. Número para jugar a la loto: 38.
— *Comprar uno:* su deseo de afirmación es demasiado precipitado, debe tener paciencia y alcanzará sus objetivos. Número para jugar a la loto: 13.
— *Encontrar uno:* ya ha llegado para usted el tiempo del buen humor y de la felicidad. Número para jugar a la loto: 8.
— *Ver uno:* de ahora en adelante tanto en sus estudios como en sus proyectos obtendrá mejoras considerables. Número para jugar a la loto: 7.

Calesa: Es sinónimo de traslados, cambios, negocios ventajosos e iniciativas afortunadas. Número para jugar a la loto: 19.
— *Comprar una:* conseguirá concluir, gracias a una iniciativa afortunada, un negocio ventajoso. Número para jugar a la loto: 48.
— *Utilizar una:* el encuentro con un empresario muy conocido le abrirá nuevos y esperanzadores horizontes. Número para jugar a la loto: 14.
— *Ver una:* le propondrán una carga que a primera vista juzgará desfavorable pero que se revelará beneficiosa. Número para jugar a la loto: 33.

Cáliz: Véase *Vaso*.

Calle: Representa el camino que se tiene que recorrer, las satisfacciones y las obligaciones. Número para jugar a la loto: 11.
— *Ancha:* ningún obstáculo amenaza sus pretensiones, alcanzará lo que tanto anhelaba. Número para jugar a la loto: 27.
— *Correr por una:* sus iniciativas serán apreciadas y aceptadas aunque las juzguen como demasiado atrevidas. Número para jugar a la loto: 44.
— *Ver una:* las dificultades que ha tenido hasta ahora están a punto de acabarse, a partir de este momento tendrá sólo cosas agradables. Número para jugar a la loto: 25.

Cama: Representa las recompensas merecidas, el deseo de tener éxito y la seguridad. Número para jugar a la loto: 7.
— *Comprar una:* estará dotado de mucha elocuencia y esto será una ventaja para sus negocios. Número para jugar a la loto: 36.
— *Estar acostado:* recibirá noticias que conseguirán desbloquear una situación crítica. Número para jugar a la loto: 37.
— *Transportar una:* la ayuda de personas de confianza le permitirá aprovecharse de lleno de un acontecimiento propicio en su ambiente de trabajo. Número para jugar a la loto: 14.

Camelia: Esta flor representa la fidelidad y el amor sincero y apasionado. Soñar con ella constituye siempre un excelente presagio, símbolo de relaciones indisolubles. Número para jugar a la loto: 22.

Camello: Representa la benevolencia, la tolerancia y la asiduidad. Número para jugar a la loto: 17.
— *Guiar uno:* tiene totalmente controlada la situación, ahora puede conducir el juego como más desee. Número para jugar a la loto: 42.
— *Ver uno:* una promesa de amor que alguien le habían hecho será seguramente mantenida. Número para jugar a la loto: 31.

Caminar: Este símbolo onírico tiene que considerarse afortunado únicamente si el camino desciende; en ese caso indica que todos los negocios en los que confiamos tendrán un final feliz. Número para jugar a la loto: 26.

Camión: Es sinónimo de fuerza, de opulencia y de valor físico y moral. Número para jugar a la loto: 22.
— *Conducir uno:* tiene que confiar completamente en sus capacidades intuitivas y alcanzará muy pronto la meta deseada. Número para jugar a la loto: 11.
— *Ver uno:* está a punto de llegar una gran y agradable sorpresa. Número para jugar a la loto: 36.

Campanas: En la creencia popular siempre se consideraron como potentes talismanes para asustar a los malos espíritus y en todas las religiones se encuentran como símbolos de ritos adivinatorios. Soñar con ellas es de buen auspicio porque anuncian la llegada de novedades agradables. Número para jugar a la loto: 24.

Campo: Representa la armonía, la laboriosidad y los deseos satisfechos. Número para jugar a la loto: 15.
— *Cultivar uno:* después de tantos esfuerzos tendrá una carrera fulgurante. Número para jugar a la loto: 48.
— *Ver uno:* sus hijos le darán muchas satisfacciones. Número para jugar a la loto: 29.

Canario: Es sinónimo de amistades sinceras, de comprensión y de dulzura. Número para jugar a la loto: 28.
— *Comprar uno:* gozará de una óptima salud y si está enfermo se curará rápidamente. Número para jugar a la loto: 12.
— *Ver uno:* obtendrá grandes satisfacciones por parte de nuevas amistades. Número para jugar a la loto: 42.

Candado: Simboliza la fidelidad y la felicidad. Número para jugar a la loto: 20.
— *Comprar uno:* tendrá un amor sincero y una pareja inteligente y generosa. Número para jugar a la loto: 49.
— *Regalar uno:* realizará todos sus deseos con la persona amada. Número para jugar a la loto: 49.
— *Ver uno:* tiene que confiar en su intuición para estabilizar una relación que acaba de empezar. Número para jugar a la loto: 34.

Cangrejo: Representa el coraje, la constancia y la superación de todas las dificultades. Número para jugar a la loto: 34.
— *Capturar uno:* próximamente tendrá lugar un encuentro afortunado con una persona que le ayudará económicamente. Número para jugar a la loto: 14.

— *Encontrar uno:* logrará el equilibrio perfecto en una amistad sólida y reconfortante. Número para jugar a la loto: 13.
— *Ver uno:* se le favorecerá en todos los campos del arte y de las ciencias ocultas. Número para jugar a la loto: 48.

Cantar: Representa la alegría, la amabilidad y la bondad de ánimo. Número para jugar a la loto: 24.
— *Canciones:* renacerá un viejo amor y los dos se alegrarán del reencuentro. Número para jugar a la loto: 9.
— *Ópera:* realizará viajes divertidos en los que tendrá nuevos e interesantes encuentros. Número para jugar a la loto: 9.

Caña de pescar: Representa las incógnitas, los buenos beneficios y las alianzas ventajosas. Número para jugar a la loto: 48.
— *Comprar una:* tiene que creer en el presagio que ha tenido en el sueño porque es verdad. Número para jugar a la loto: 14.
— *Utilizar una:* su trabajo le reservará novedades agradables. Número para jugar a la loto: 16.
— *Ver una:* seguramente acabará un proyecto que será beneficioso. Número para jugar a la loto: 8.

Capa: Representa la protección, el secreto bien guardado y la seguridad. Número para jugar a la loto: 10.
— *Colocarse una:* con un hábil movimiento llegará el primero en un concurso muy exclusivo. Número para jugar a la loto: 46.
— *Comprar una:* conseguirá llevar a buen puerto con la ayuda de un conocido una demanda. Número para jugar a la loto: 39.
— *Ver una:* encontrará colaboradores válidos que contribuirán en su éxito. Número para jugar a la loto: 24.

Caravana: Representa una oferta ventajosa, un encuentro inesperado. Número para jugar a la loto: 19.
— *Conducir una:* alcanzará el éxito financiero después de haber realizado un corto viaje. Número para jugar a la loto: 8.

— *Ver una:* recibirá una nueva oferta de trabajo que le abrirá nuevas perspectivas. Número para jugar a la loto: 33.

Cardenal: Representa la autoridad, el perdón y la benevolencia. Número para jugar a la loto: 25.
— *Serlo:* saldrá victorioso de una antipática controversia. Número para jugar a la loto: 45.
— *Ver uno:* tendrá muchos amigos que le ayudarán a superar los momentos más difíciles. Número para jugar a la loto: 39.

Carne: Representa la prosperidad, la abundancia y la fortuna. Número para jugar a la loto: 19.
— *Cocinar:* gozará de óptima salud y se mantendrá joven durante mucho tiempo. Número para jugar a la loto: 49.
— *Comer:* tiene que esperar una gran mejora económica. Número para jugar a la loto: 40.
— *Comprar:* triunfará en una fulgurante carrera que le procurará el bienestar que desea. Número para jugar a la loto: 48.

Carnero: Representa la obstinación, el juicio y la inflexibilidad. Número para jugar a la loto: 30.
— *Cabalgar sobre uno:* el futuro le reserva bienes y alegrías. Número para jugar a la loto: 8.
— *Capturar uno:* conquistará una posición social elevada. Número para jugar a la loto: 10.
— *Ver uno:* cosechará credibilidad en personas muy influyentes. Número para jugar a la loto: 44.

Carnicero: Representa la abundancia y el final de las travesías. Número para jugar a la loto: 42.
— *Encontrar uno:* sus negocios empresariales avanzarán de forma prometedora y segura. Número para jugar a la loto: 12.
— *Hablar a uno:* es presagio de una fabulosa victoria en la lotería. Número para jugar a la loto: 8.

— *Ser uno:* puede tener la seguridad de que conseguirá alcanzar aquello que tanto deseaba. Número para jugar a la loto: 8.
— *Ver uno:* encontrará consuelo para su dolor. Número para jugar a la loto: 11.

Carpintero: Representa la honestidad, la voluntad y la paciencia. Número para jugar a la loto: 8.
— *Encontrar uno:* las dificultades que ha afrontado hasta ahora están a punto de terminarse, se preparan novedades financieras excelentes. Número para jugar a la loto: 14.
— *Ser uno:* no debe tener dudas en el momento de proponer sus iniciativas, resultarán muy válidas y se aceptarán. Número para jugar a la loto: 10.
— *Ver uno:* conseguirá tomar con rapidez y optimismo las decisiones más adecuadas para resolver sus problemas. Número para jugar a la loto: 13.

Carta: Representa las noticias satisfactorias, las comunicaciones agradables y las renovaciones. Número para jugar a la loto: 21.
— *Abrir una:* próximas novedades en el campo afectivo le traerán soluciones inesperadas. Número para jugar a la loto: 47.
— *Leer una:* llegará a sus oídos una situación que desconocía que le permitirá ganar mucho dinero. Número para jugar a la loto: 39.
— *Recibir una:* la suerte le ayudará a empezar una profesión liberal. Número para jugar a la loto: 9.

Cartero: Simboliza las novedades agradables, la confianza y la responsabilidad. Número para jugar a la loto: 36.
— *Encontrarse con uno:* una carta de amor muy esperada le llegará dentro de poco tiempo. Número para jugar a la loto: 10.
— *Hablar con uno:* le ofrecerán diversas oportunidades, tiene que utilizar su inteligencia para reconocer la que mejor se le adapta. Número para jugar a la loto: 11.

— *Ser uno:* le darán un importante encargo que le permitirá aclararse. Número para jugar a la loto: 11.

Casco: Es sinónimo de tenacidad, seguridad y buena voluntad. Número para jugar a la loto: 19.
— *Colocarse uno:* un asunto que le preocupaba desde hace mucho tiempo concluirá felizmente. Número para jugar a la loto: 10.
— *Comprar uno:* debe tener más confianza en sus capacidades reales, está realmente en grado de aceptar ese encargo tan importante. Número para jugar a la loto: 48.
— *Ver uno:* conseguirá emprender con mucho éxito una nueva actividad sobre el resultado de la cual tenía ciertas dudas. Número para jugar a la loto: 33.

Castañas asadas: Simbolizan la alegría íntima, las amistades sinceras y los encuentros afortunados. Número para jugar a la loto: 14.
— *Cocer:* sus proyectos amorosos encontrarán una rápida y feliz solución. Número para jugar a la loto: 9.
— *Comer:* ha encontrado la felicidad perdida, ahora le toca a usted mantenerla como tal. Número para jugar a la loto: 8.
— *Comprar:* se ha enamorado a primera vista y teme que no le correspondan, pero en cambio la persona deseada le quiere mucho. Número para jugar a la loto: 16.

Castaño (árbol)**:** Los cíngaros cuentan que llevar un fruto de esta planta en el bolsillo derecho trae buena fortuna y preserva de las desventuras y del mal de ojo. Soñar con este árbol es muy propicio porque significa que todos los deseos del soñador se cumplirán en poco tiempo. Número para jugar a la loto: 31.

Castañuelas: Representan las diversiones, las acciones afortunadas y las reuniones. Número para jugar a la loto: 43.
— *Acompañar con:* suscitará una inmediata confianza en una persona que le será muy útil para sus estudios. Número para jugar a la loto: 9.

— *Comprar unas:* tendrá grandes posibilidades de ganancias extras. Número para jugar a la loto: 9.
— *Encontrar unas:* se prepara para usted un periodo rico de satisfacciones tanto morales como materiales. Número para jugar a la loto: 13.
— *Ver unas:* están a punto de llegar el amor, la felicidad y el cumplimiento de sus expectativas. Número para jugar a la loto: 12.

Catedral: Representa la fe indestructible, la esperanza y los resultados felices en las controversias. Número para jugar a la loto: 31.
— *Estar en una:* será objeto de un amor incondicional que terminará en matrimonio. Número para jugar a la loto: 7.
— *Ir a una:* tendrá grandes alegrías en el campo familiar. Número para jugar a la loto: 47.
— *Verla:* una carta o un mensaje inesperado cambiará favorablemente su destino. Número para jugar a la loto: 45.

Castillo: Simboliza la protección, la potencia y los ideales. Número para jugar a la loto: 36.
— *Estar en uno:* encontrará las ocasiones favorables y los conocidos necesarios para llevar adelante un proyecto que le importa mucho. Número para jugar a la loto: 12.
— *Ver uno:* tendrá el reconocimiento de sus méritos. Número para jugar a la loto: 5.

Cava: Representa la elevación social, la alegría y el bienestar. Número para jugar a la loto: 7.
— *Comprar:* alcanzará el éxito que perseguía desde hace tiempo. Número para jugar a la loto: 36.
— *Derramar:* puede aspirar a altos cargos, la fortuna le ayudará a alcanzarlos. Número para jugar a la loto: 41.
— *Ver:* está atravesando un momento verdaderamente mágico en el que todo irá a las mil maravillas. Número para jugar a la loto: 21.

Caza: Simboliza los imprevistos, la revancha y los esfuerzos. Número para jugar a la loto: 8.
— *Capturar:* este es el momento más adecuado para llevar a término esas inversiones que tanto le interesaban. Número para jugar a la loto: 42.
— *Comer:* prosperidad y fortuna llamarán a su puerta, no debe hacerlas esperar. Número para jugar a la loto: 29.
— *Comprar:* la respuesta que espera con ansia le será favorable. Número para jugar a la loto: 37.

Cazador: Es sinónimo de audacia, de cambios y de innovaciones positivas. Número para jugar a la loto: 23.
— *Acompañar uno:* vivirá un amor sincero exento de calumnias y celos. Número para jugar a la loto: 7.
— *Encontrar uno:* debe mantener muy vivos sus propósitos y obtendrá muy pronto la victoria sobre sus adversarios. Número para jugar a la loto: 11.
— *Ser uno:* sus negocios prosperarán gracias a una iniciativa afortunada. Número para jugar a la loto: 43.

Cazatorpedero: Simboliza la lucha, la potencia, la constancia y el coraje. Número para jugar a la loto: 13.
— *Encontrarse en uno:* ha alcanzado un lugar de prestigio, ahora nada puede detener ya su ascenso. Número para jugar a la loto: 5.
— *Ver uno:* conseguirá llevar a término un proyecto que le parecía irrealizable sin tener que esforzarse demasiado. Número para jugar a la loto: 9.

Cebada: Representa el bienestar, la abundancia, el vigor y la buena salud. Número para jugar a la loto: 16.
— *Comprar:* tiene que acabar con los temores; está algo cansado pero su salud no corre ningún peligro. Número para jugar a la loto: 45.

— *Cultivar:* tiene que permitirse ser exigente; en este periodo la fortuna está dispuesta a contentarle en cada una de sus demandas. Número para jugar a la loto: 49.
— *Utilizar:* algunas pérdidas recientes le serán devueltas. Número para jugar a la loto: 11.
— *Ver:* encontrará la forma de hacerse pagar por una injusticia que ha sufrido. Número para jugar a la loto: 30.

Centinela: Simboliza el sentido del deber, la protección y los apoyos incondicionales. Número para jugar a la loto: 39.
— *Encontrarse con uno:* la diosa Fortuna le proporcionará el apoyo de amigos influyentes. Número para jugar a la loto: 13.
— *Ser uno:* llegará al éxito gracias a la ayuda de una persona capacitada que se tomará muy en serio sus deseos. Número para jugar a la loto: 14.
— *Ver uno:* gracias a un verdadero golpe de suerte podrá obtener ese puesto que pretendía desde hacía tanto tiempo. Número para jugar a la loto: 8.

Cequí: Representa la riqueza, la potencia y las amistades influyentes y de alto rango. Número para jugar a la loto: 24.
— *Encontrar uno:* de ahora en adelante lo verá todo más claro y no encontrará obstáculos para su ascenso. Número para jugar a la loto: 12.
— *Tener uno:* tiene la situación completamente en la mano, ahora puede conducir el juego como mejor le guste. Número para jugar a la loto: 8.
— *Ver uno:* las promesas que le han hecho se mantendrán de forma puntual. Número para jugar a la loto: 38.

Cerezas: Representan las tentaciones, las alegrías íntimas y la espera. Número para jugar a la loto: 32.
— *Comer:* en poco tiempo podrá realizar un encuentro decisivo para su futuro afectivo. Número para jugar a la loto: 8.

— *Comprar:* seguramente conseguirá reconquistar a la persona que había abandonado en un momento de debilidad. Número para jugar a la loto: 7.

Cerillas: Es sinónimo de novedad, de sorpresas y de sinceridad. Número para jugar a la loto: 35.
— *Comprar:* una feliz intuición le permitirá ganar mucho dinero. Número para jugar a la loto: 10.
— *Utilizar:* le espera una sorpresa que le llevará al máximo de la felicidad. Número para jugar a la loto: 12.
— *Ver:* sus rivales cometerán inevitablemente errores que favorecerán sus negocios. Número para jugar a la loto: 49.

Cetro: Es sinónimo de potencia, de previsión y de generosidad. Número para jugar a la loto: 28.
— *Empuñar uno:* sus propósitos son justos y le ayudarán seguramente a alcanzar el éxito. Número para jugar a la loto: 9.
— *Encontrar uno:* la diosa Fortuna le regalará una fabulosa sorpresa. Número para jugar a la loto: 7.
— *Ver uno:* tiene que dar a conocer sus proyectos porque seguramente serán aceptados. Número para jugar a la loto: 42.

Chal: Representa la protección, el calor y el deseo de conquista. Número para jugar a la loto: 13.
— *Ponerse uno:* la diosa Fortuna nunca ha sido tan amiga suya como ahora, tiene que aprovecharlo. Número para jugar a la loto: 5.
— *Tejer uno:* conseguirá el éxito amoroso y ningún obstáculo amenazará su unión. Número para jugar a la loto: 43.
— *Ver uno:* obtendrá grandes ventajas de una acción realizada casi por juego. Número para jugar a la loto: 27.

Chamarilero: Es sinónimo de perseverancia, de esperanza y de comprensión. Número para jugar a la loto: 48.

— *Hablar con uno:* descubrirá con sorpresa que todas sus iniciativas han recibido un giro positivo. Número para jugar a la loto: 14.
— *Ser uno:* sus proyectos de trabajo obtendrán seguramente un éxito feliz. Número para jugar a la loto: 14.
— *Ver a uno:* encontrará en usted la fuerza de voluntad para proseguir lo que quería abandonar por debilidad. Número para jugar a la loto: 8.

Chaqueta: Representa la protección, la seguridad y los resultados positivos. Número para jugar a la loto: 34.
— *Comprar una:* encontrará la solución justa para una situación que se presentaba de forma muy precaria. Número para jugar a la loto: 9.
— *Ponerse una:* llevará a término de forma favorable un contrato que había permanecido durante mucho tiempo en suspenso. Número para jugar a la loto: 7.
— *Ver una:* los problemas que parecían sin solución alguna desaparecerán en un santiamén. Número para jugar a la loto: 48.

Chicle: Es sinónimo de alegría y de juventud. Número para jugar a la loto: 29.
— *Comprar uno:* gracias a una amistad sincera, recuperará su habitual buen humor. Número para jugar a la loto: 13.
— *Masticar uno:* tiene que hacer desaparecer las preocupaciones de su corazón, sus estudios proseguirán con provecho. Número para jugar a la loto: 15.

Chimenea: Véase *Fuego*.

Chispa: Representa las percepciones felices, las innovaciones positivas y las renovaciones. Número para jugar a la loto: 34.
— *Provocar una:* conseguirá llevar a término un trabajo que le parecía irrealizable. Número para jugar a la loto: 13.
— *Ver una:* sus negocios prosperarán gracias a una iniciativa afortunada. Número para jugar a la loto: 48.

Chispas: Véase *Fuego*.

Chopo: Esta planta representa las amistades sinceras y duraderas. Soñar con ella es un excelente presagio, ya que anuncia la venida de amigos fieles y preparados para ayudar en el momento de necesidad. Número para jugar a la loto: 24.

Científico: Es sinónimo de inteligencia, de ponderación y de triunfo en las acciones emprendidas. Número para jugar a la loto: 6.
— *Hablar con uno:* ha llegado la hora de recoger lo que ha sembrado, se encontrará con sorpresas agradables. Número para jugar a la loto: 8.
— *Serlo:* tiene que aprovechar las ocasiones que le ofrecerán en este momento porque son ventajosas y difícilmente se repetirán. Número para jugar a la loto: 8.
— *Ver a uno:* lo que tiene que afrontar no es insuperable, conseguirá triunfar. Número para jugar a la loto: 11.

Ciervo: Representa la potencia, la libertad y la superioridad. Número para jugar a la loto: 30.
— *Capturar uno:* conseguirá destapar una trama urdida para perjudicarle llevándose la victoria ante la persona que la ha organizado. Número para jugar a la loto: 10.
— *Que corre:* cuando menos se lo espere recibirá una importante donación. Número para jugar a la loto: 14.

Cigarrillos: Simbolizan los instintos, las empresas fantásticas y las satisfacciones personales. Número para jugar a la loto: 12.
— *Comprar:* sus anhelos amorosos encontrarán una completa correspondencia. Número para jugar a la loto: 14.
— *Fumar:* su intuición le llevará a vivir de forma maravillosa una fabulosa aventura. Número para jugar a la loto: 11.
— *Ver:* puede tener la certidumbre de alcanzar lo que desea. Número para jugar a la loto: 8.

Cigüeña: Es sinónimo de protección, de buenas noticias y de maternidad. Número para jugar a la loto: 31.
— *Alimentar una:* su casa y su familia estarán siempre protegidas ante todas las adversidades. Número para jugar a la loto: 15.
— *Capturar una:* su deseo de maternidad se verá muy pronto cumplido. Número para jugar a la loto: 11.
— *Ver una:* gozará seguramente de la prosperidad y del bienestar que merece. Número para jugar a la loto: 45.

Cimitarra: Es sinónimo de poder, de justicia, de defensa y de amor ardiente. Número para jugar a la loto: 48.
— *Encontrar una:* gozará del apoyo y del afecto de amistades sinceras y desinteresadas. Número para jugar a la loto: 9.
— *Utilizar una:* ha alcanzado un puesto prestigioso, ahora nada podrá detener su ascenso. Número para jugar a la loto: 16.
— *Ver una:* ha buscado durante mucho tiempo el afecto y la comprensión, ahora la suerte le hará encontrar a la persona adecuada para satisfacer sus deseos amorosos. Número para jugar a la loto: 8.

Cinco: Véase *Números*.

Cinematógrafo: Es sinónimo de diversión, de alegría y de curiosidad. Número para jugar a la loto: 7.
— *Ir al:* bienestar y felicidad no tardarán en llamar a su puerta. Número para jugar a la loto: 14.
— *Ver uno:* recuperará su alegría habitual gracias a una persona conocida hace poco. Número para jugar a la loto: 12.

Cinturón: Representa las uniones, las amistades influyentes, el cariño y la fidelidad. Número para jugar a la loto: 39.
— *Abrocharse uno:* le espera un amor feliz y la tranquilidad económica. Número para jugar a la loto: 6.
— *Comprar uno:* si alguien intenta perjudicarle se verá defendido por una persona muy amiga suya. Número para jugar a la loto: 14.

Circón: Esta piedra se dedica desde hace milenios a los amantes porque se dice que tiene el poder de hacer indisolubles las relaciones amorosas y de favorecer la pacificación. Soñar con ella es un bonito presagio sobre todo para aquellos enamorados que se habían separado y que, de esta forma, conseguirán encontrarse de nuevo. Número para jugar a la loto: 29.

Cita: Es símbolo de novedad, de curiosidad y de constancia. Número para jugar a la loto: 22.
— *Fijar una:* ayudará a alguien y esto le aportará mucha fortuna. Número para jugar a la loto: 49.
— *Ir a una:* la fortuna se encuentra totalmente de su parte, recibirá riquezas, honores y poder. Número para jugar a la loto: 38.
— *Tener una:* es probable que tenga lugar un nuevo encuentro que cambiará de forma radical su existencia. Número para jugar a la loto: 6.

Clara: Simboliza la dulzura, la vulnerabilidad y la curiosidad. Número para jugar a la loto: 13.
— *Utilizar una:* se le reconocerán sus méritos y recibirá una propuesta interesante y muy ventajosa. Número para jugar a la loto: 8.
— *Ver una:* le esperan grandes novedades en el campo amoroso que no deben cogerle desprevenido. Número para jugar a la loto: 27.

Claustro: Representa la serenidad, la sabiduría y la buena voluntad. Número para jugar a la loto: 34.
— *Estar en uno:* todo se resolverá de la mejor forma posible aunque cueste trabajo. Número para jugar a la loto: 10.
— *Ver uno:* debe analizar con calma sus sentimientos, de esta forma encontrará la respuesta correcta a sus dudas. Número para jugar a la loto: 48.

Clavar: Simboliza la paciencia, la constancia y el deseo de revancha. Número para jugar a la loto: 15.

Clavel: Representa la vanidad y el deseo vivo y ardiente. Soñar con esta flor significa que gozará del amor incondicional de una pareja afectuosa y sincera. Número para jugar a la loto: 13.

Cocina: Es sinónimo de libertad, de serenidad y de audacia. Número para jugar a la loto: 23.
— *Estar en una:* se verá muy favorecido en el campo amoroso. Número para jugar a la loto: 8.
— *Ver una:* la fortuna y la alegría le esperan, debe cogerlas al vuelo. Número para jugar a la loto: 37.

Cocinero: Simboliza el pasado, la ingenuidad y la tentación. Número para jugar a la loto: 38.
— *Serlo (para un hombre):* conquistará una posición social elevada. Número para jugar a la loto: 5.
— *Serlo (para una mujer):* se está equivocando al infravalorar sus capacidades reales, tiene todas las cartas en regla para alcanzar los objetivos deseados. Número para jugar a la loto: 15.
— *Ver uno:* conseguirá salir de una situación escabrosa del mejor modo posible. Número para jugar a la loto: 7.

Codornices: Simbolizan la amistad, el buen corazón y la alegría. Número para jugar a la loto: 5.
— *Cocinar:* pasará alegres veladas en compañía de personas que se revelarán amigos de verdad. Número para jugar a la loto: 8.
— *Comer:* le espera un futuro lleno de ganancias. Número para jugar a la loto: 8.
— *Comprar:* muy pronto encontrará a una persona que corresponderá a sus deseos. Número para jugar a la loto: 16.

Coger: Representa la ambición, el éxito y la fortuna. Soñar que cogemos alguna cosa significa que en su vida sucederá algún acontecimiento importante que le proyectará hacia un futuro prometedor y lleno de felicidad. Número para jugar a la loto: 26.

Cohete: Simboliza la virilidad, las pasiones amorosas y la magnificencia. Número para jugar a la loto: 34.
— *Que despega:* liberará su ánimo de todas las incertidumbres pasadas consiguiendo alcanzar un entendimiento perfecto con la pareja. Número para jugar a la loto: 10.
— *Estar sobre uno:* sabrá llevar a buen puerto sus negocios. Número para jugar a la loto: 10.
— *Ver uno:* las circunstancias se están preparando para una progresión en la carrera. Número para jugar a la loto: 48.

Coleóptero: Véase *Escarabajo*.

Colmillos: Representa la fuerza, las decisiones, la audacia y las resoluciones. Números para jugar a la loto: 25 y 33.
— *Tener:* superará a todos sus adversarios y todos los obstáculos, su carrera hacia el éxito está protegida por la fortuna. Números para jugar a la loto: 8 y 9.
— *Verlos:* llevará a cabo una empresa que a muchos parecía irrealizable. Números para jugar a la loto: 39 y 47.

Colorear: Véase *Pintar*.

Colores: En todos los sueños aparecen colores, pero en general el soñador tiende a olvidarlos para dar más importancia a los personajes y a las situaciones. Pero no podemos negar la existencia de una afinidad entre un determinado color y el estado de ánimo del durmiente. En esta lista proporcionamos el significado de los colores más afortunados.
— *Amarillo:* es sinónimo de luz, de inteligencia y de fe; significa que sus esperanzas de éxito no le desilusionarán. Número para jugar a la loto: 26.
— *Anaranjado:* representa el bienestar económico, la felicidad, la alegría y los amores duraderos. Número para jugar a la loto: 29.

— *Azul:* simboliza la espiritualidad y la tranquilidad; por asociación está unido al mar, al cielo y al universo y anuncia la resolución de todos los problemas. Número para jugar a la loto: 6.
— *Marrón:* representa la tierra, la reflexión, la seguridad y la tranquilidad. Soñar en este color significa que encontrará a la persona adecuada para usted y construirá una unión feliz y duradera. Número para jugar a la loto: 24.
— *Rojo:* indica el amor, la fuerza y la pasión. En el sueño significa que tiene considerables dotes de mando. Número para jugar a la loto: 19.
— *Verde:* personifica la esperanza, el renacimiento y la confianza y presagia serenidad, alegría y óptima salud. Número para jugar a la loto: 23.
— *Violeta:* representa la sabiduría, el misticismo, la potencia y la magia. Soñar con este color nos lleva a la elevación espiritual, a la sabiduría y a la consecución de nuestros proyectos. Número para jugar a la loto: 31.

Columna: Representa la solidez, la influencia y la sabiduría. Número para jugar a la loto: 15.
— *Construir una:* a pesar de los obstáculos encontrados alcanzará el éxito en su trabajo. Número para jugar a la loto: 12.
— *Ver una:* conseguirá cambiar el sentido y hacer suya una situación escabrosa. Número para jugar a la loto: 29.

Comadrona: Simboliza la maternidad, el deseo y el renacimiento. Número para jugar a la loto: 29.
— *Ser una:* su deseo de maternidad se verá finalmente cumplido. Número para jugar a la loto: 49.
— *Ver a una:* está muy próximo para usted el matrimonio. Número para jugar a la loto: 43.

Comer: Representa la vitalidad, la energía, la salud y la alegría. Número para jugar a la loto: 21.

- *Carne:* la fortuna le llenará de espíritu combativo; no debe tener miedo porque todo irá bien. Número para jugar a la loto: 40.
- *Fruta:* se llevará una gran sorpresa gracias a una afortunada y muy cuantiosa victoria en el juego. Número para jugar a la loto: 45.
- *Pan:* dispondrá de buenas oportunidades para mejorar su economía. Número para jugar a la loto: 30.
- *Pescado:* vivirá momentos muy felices con la persona amada. Número para jugar a la loto: 6.

Cometa: Simboliza la ligereza, la libertad y la confianza. Número para jugar a la loto: 24.
- *Utilizar una:* ya ha llegado la hora de recoger lo que ha sembrado, no debe tener miedo porque todo irá bien. Número para jugar a la loto: 10.
- *Ver una:* conseguirá concluir un negocio muy importante. Número para jugar a la loto: 38.
- *Que vuela:* es el momento oportuno para desarrollar de forma concreta aquellos proyectos que aprecia. Número para jugar a la loto: 46.

Comprar: Desde la época del trueque hasta la sociedad de consumo esta acción ha constituido para el ser humano un síntoma de satisfacción. Número para jugar a la loto: 29.
- *Carne:* muy pronto sus ganancias experimentarán un aumento considerable con una gran rapidez. Número para jugar a la loto: 48.
- *Flores:* están a punto de llegarle nuevos encuentros y fortuna en amor. Número para jugar a la loto: 6.
- *Pájaros:* la fortuna se encuentra al lado de su puerta; aproveche el momento: no debe dejarla escapar. Número para jugar a la loto: 14.
- *Pescado:* no debe preocuparse por algún síntoma de malestar, muy pronto se encontrará en perfecta forma. Número para jugar a la loto: 14.

Concha: Es símbolo de voluntad, de esperanza y de ganancias. Número para jugar a la loto: 22.
— *Comprar una:* cuanto menos se lo espere recibirá esa respuesta que tanto esperaba. Número para jugar a la loto: 6.
— *Pescar una:* superará brillantemente las dificultades que le angustian en este momento. Número para jugar a la loto: 6.
— *Ver una:* tendrá éxito y suerte en todos los campos, está empezando para usted un periodo verdaderamente favorable. Número para jugar a la loto: 36.

Concierto: Representa la pureza, la bondad de ánimo y la benevolencia. Número para jugar a la loto: 47.
— *Acompañar a uno:* todo lo que se refiere a su vida personal discurrirá por cauces serenos. Número para jugar a la loto: 13.
— *Estar en uno:* se sentirá estimulado a dar lo mejor de usted mismo tanto en el amor como en las relaciones con los demás. Número para jugar a la loto: 14.
— *Ver uno:* todos sus problemas se verán resueltos en el menor tiempo posible. Número para jugar a la loto: 7.

Concurso de televisión: Representa las competiciones, la fortuna y las novedades. Número para jugar a la loto: 16.
— *Inventar uno:* recibirá un mensaje importante para su futuro. Número para jugar a la loto: 10.
— *Participar en uno:* estará dotado de ingenio y rapidez de reflejos y por esto conseguirá concluir óptimos negocios. Número para jugar a la loto: 9.
— *Ver uno:* gozará de reflejos en una situación cómoda y afortunada. Número para jugar a la loto: 3.

Conferencia: Representa la compañía, la constancia y la laboriosidad. Número para jugar a la loto: 49.
— *Dar una:* su ambición se desvanecerá poco a poco. Número para jugar a la loto: 7.

— *Estar en una:* se esperan grandes satisfacciones en el trabajo, sus méritos se reconocerán y se compensarán de forma adecuada. Número para jugar a la loto: 16.

Contenedor: Este símbolo onírico representa la sexualidad, el amor arrebatador y la pasión. Número para jugar a la loto: 47.
— *Conducir uno:* vivirá un amor feliz y duradero. Número para jugar a la loto: 9.
— *Ver uno:* todos sus anhelos amorosos se verán satisfechos, la persona que desea será finalmente suya. Número para jugar a la loto: 7.

Conversar: Representa la fortuna, la vida y el renacimiento tanto físico como espiritual. Número para jugar a la loto: 40.
— *Con amigos:* actualmente vive una situación difícil pero que mejorará considerablemente. Número para jugar a la loto: 8.
— *Con parientes:* noticias inesperadas satisfarán uno de sus deseos. Número para jugar a la loto: 11.

Coral: Es sinónimo de tranquilidad económica, de protección y de seguridad. Número para jugar a la loto: 16.
— *Trabajarlo:* por un golpe de suerte su patrimonio aumentará considerablemente. Número para jugar a la loto: 48.
— *Ver:* no debe tener miedo, todo lo que quiere tendrá lugar. Número para jugar a la loto: 30.

Cordero: Es el símbolo de la tranquilidad, del amor y de la esperanza. Número para jugar a la loto: 34.
— *Acariciar uno:* le espera una sorpresa y una gran alegría. Número para jugar a la loto: 11.
— *Pastorear:* obtendrá un desarrollo positivo en un negocio que hasta ahora resultaba precario. Número para jugar a la loto: 14.

Coronar: Simboliza el poder, la autoridad, la protección y el secreto. Número para jugar a la loto: 29.

— *Amigos:* recibirá pruebas de estima de sus superiores. Número para jugar a la loto: 6.
— *Personas desconocidas:* la diosa Fortuna favorecerá la realización de sus esperanzas y de sus proyectos. Número para jugar a la loto: 9.
— *Uno mismo:* conseguirá escapar con habilidad e inteligencia a una pequeña intriga. Número para jugar a la loto: 13.

Corzo: Es sinónimo de libertad, de inocencia y de buena voluntad. Número para jugar a la loto: 21.
— *Alimentar a uno:* una cuestión judicial suya encontrará una feliz solución. Número para jugar a la loto: 14.
— *Ver uno:* a pesar del periodo negativo que atraviesa, encontrará viejos amigos que le echarán gustosamente una mano. Número para jugar a la loto: 35.

Cruce: Representa la indecisión e incluso las decisiones positivas. Número para jugar a la loto: 19.
— *Atravesar uno:* realizará importantes tratos que le permitirán alcanzar sus metas. Número para jugar a la loto: 6.
— *Ver uno:* aunque piense lo contrario, su salud es perfecta. Debe dejar de lamentarse y esforzarse por vivir de una manera más plena. Número para jugar a la loto: 33.

Cuaderno: Simboliza el orden, la disciplina, la voluntad y el respeto. Número para jugar a la loto: 28.
— *Comprar uno:* la fortuna le dará una mano para poner un poco de orden en su vida que hasta ahora ha sido interesante pero un poco caótica. Número para jugar a la loto: 12.
— *Encontrar uno:* se encontrará con un antiguo compañero de escuela que le dará una mano para estabilizar sus negocios, que se tambalean un poco. Número para jugar a la loto: 7.
— *Hojear uno:* encontrará la voluntad necesaria para llevar a cabo un proyecto abandonado porque estaba insatisfecho. Número para jugar a la loto: 12.

Cuadrante: Véase *Reloj*.

Cuadriga: Representa la osadía, la fuerza y las polémicas victoriosas. Número para jugar a la loto: 33.
— *Conducir una:* llegará el primero en una competición muy importante y alcanzará de esta forma la popularidad. Número para jugar a la loto: 13.
— *Ver una:* conseguirá prevalecer sobre todos sus adversarios y desbaratar a todos sus enemigos. Número para jugar a la loto: 47.

Cuadrilla: Representa la alegría, los honores y el éxito. Número para jugar a la loto: 28.
— *Bailar una:* la persona que le interesa aceptará una invitación suya que hasta ahora había permanecido en suspense y esto le colmará de felicidad. Número para jugar a la loto: 49.
— *Ver bailar una:* próximamente tendrá un encuentro afortunado e inesperado que se transformará en un afecto duradero. Número para jugar a la loto: 9.

Cuadro: Representa la sensibilidad, la intuición y las ayudas inesperadas. Número para jugar a la loto: 20.
— *Colgar uno:* sus intuiciones son más que exactas, debe seguirlas y recibirá grandes ganancias. Número para jugar a la loto: 43.
— *Comprar uno:* una adquisición hecha casi con ligereza se revelará como un gran negocio. Número para jugar a la loto: 49.
— *Restaurar uno:* una persona culta e inteligente vendrá a ayudarle aconsejándole el camino que debe seguir. Número para jugar a la loto: 12.
— *Ver uno:* tiene que escuchar el consejo que le dan en el sueño porque le llevará a un acontecimiento afortunado. Número para jugar a la loto: 34.

Cuartilla: Representa la poesía, el ánimo amable y las acciones afortunadas. Número para jugar a la loto: 33.

— *Componer una:* todo se le hará más fácil gracias a un verdadero golpe de fortuna. Número para jugar a la loto: 12.
— *Declamar una:* el destino le depara pruebas que superará de una forma más que brillante. Número para jugar a la loto: 14.
— *Leer una:* ganará un concurso. Número para jugar a la loto: 6.

Cuarzo: Esta piedra, en estado puro, ha sido considerada siempre como sinónimo de belleza y seducción. Los antiguos la consideraban un potente talismán capaz de preservar la paz entre los enamorados. Soñar con ella constituye un buen presagio porque indica que conseguirá abrirse camino en el corazón de la persona que le interesa. Número para jugar a la loto: 19.

Cuatro: Véase *Números*.

Cuba: Representa la seguridad, el coraje y la forma positiva de afrontar las adversidades. Número para jugar a la loto: 7.
— *Llenar una:* las actividades que ha empezado hace poco se encontrarán entre las más afortunadas. Número para jugar a la loto: 25.
— *Ver una:* en poco tiempo reencontrará la tranquilidad económica. Número para jugar a la loto: 21.

Cubo: Representa la voluntad, la previsión y la maternidad. Número para jugar a la loto: 10.
— *Comprar uno:* obtendrá de forma inesperada riquezas y protección. Número para jugar a la loto: 39.
— *Utilizar uno:* se verá favorecido por la suerte en una empresa bastante arriesgada. Número para jugar a la loto: 5.
— *Ver uno:* le espera un amor feliz. Número para jugar a la loto: 24.

Cuento: Simboliza la fantasía, las ideas fructuosas y los deseos. Número para jugar a la loto: 25.
— *Escribir uno:* la ayuda de una persona ambiciosa le permitirá conseguir una posición de prestigio. Número para jugar a la loto: 12.

— *Leer uno:* recibirá nuevas y esperanzadoras propuestas de trabajo. Número para jugar a la loto: 43.
— *Traducir uno:* tendrá la habilidad necesaria para poder dar la vuelta a una situación precaria. Número para jugar a la loto: 12.

Cuestionario: Representa las respuestas positivas, las investigaciones y las intenciones que han llegado a puerto. Número para jugar a la loto: 9.
— *Enviar uno:* tiene el viento en popa y puede alcanzar sus objetivos. Número para jugar a la loto: 9.
— *Leer uno:* conseguirá llevar a término un trabajo que le parecía incomprensible. Número para jugar a la loto: 9.
— *Llenar uno:* una demanda de trabajo suya será seguramente aceptada. Número para jugar a la loto: 9.

Cuidar: Representa la benevolencia, la protección, la disponibilidad afectiva y el amor profundo. Número para jugar a la loto: 25.
— *Amigos:* está atravesando un periodo verdaderamente positivo, todo el mundo le aprecia y le ayudará en sus proyectos. Número para jugar a la loto: 11.
— *Hijos:* conseguirá superar las controversias familiares que tanto le habían amargado. Número para jugar a la loto: 13.
— *Parientes:* ahora que han quedado aclarados todos los malentendidos recibirá grandes reconocimientos y pruebas de verdadero afecto. Número para jugar a la loto: 14.
— *Ser cuidados:* le espera un futuro maravilloso repleto de amor y de riqueza. Número para jugar a la loto: 16.

Cuna: Representa los viajes, las esperanzas y el romanticismo. Número para jugar a la loto: 8.
— *Tener una:* debemos tener coraje, su situación está en vías de cambiar, muy pronto obtendrá grandes satisfacciones. Número para jugar a la loto: 37.
— *Ver una:* le espera una fantástica aventura. Número para jugar a la loto: 22.

D

Daga: Representa fuerza, protección y éxito. Número para jugar a la loto: 13.
— *Encontrar una:* ¡cuidado! Desde este momento se le podrán presentar ocasiones favorables, no debe dejarlas escapar. Número para jugar a la loto: 10.
— *Utilizar una:* a veces es necesario saber utilizar también las maneras fuertes para obtener lo que se quiere, su decisión ha sido justa. Número para jugar a la loto: 8.
— *Ver una:* gozará del apoyo de una persona influyente. Número para jugar a la loto: 27.

Danzar: Véase *Bailar*.

Dar: Es sinónimo de amabilidad de ánimo, de altruismo y de buenos propósitos. Número para jugar a la loto: 12.
— *Comida:* se le presentarán óptimas ocasiones para influir sobre sus superiores. Número para jugar a la loto: 35.
— *Cosas:* sus intereses están protegidos por la diosa Fortuna, conseguirá enormes ganancias. Número para jugar a la loto: 36.

Dársena: Representa la protección, el refugio y el secreto. Número para jugar a la loto: 29.
— *Estar en una:* sus secretos están bien guardados y por esta razón conseguirá lo que se ha propuesto. Número para jugar a la loto: 14.

— *Ver una:* encontrará personas amigas que le ayudarán en una empresa arriesgada pero muy beneficiosa. Número para jugar a la loto: 43.

Dátil: Simboliza el erotismo, la pasión ardiente y las conquistas amorosas. Número para jugar a la loto: 24.
— *Comer uno:* encontrará seguramente la persona adecuada para usted que le amará apasionadamente. Número para jugar a la loto: 45.
— *Ver uno:* le esperan nuevos encuentros muy favorables. Número para jugar a la loto: 38.

Declaración: Simboliza la lucidez, la revelación y las ideas brillantes e ingeniosas. Número para jugar a la loto: 41.
— *Hacer una:* conseguirá atrapar al vuelo una situación muy ventajosa para usted. Número para jugar a la loto: 11.
— *Recibir una:* gracias a una feliz intuición suya, su patrimonio aumentará de forma considerable. Número para jugar a la loto: 11.

Decocción: Simboliza la bondad, el altruismo y las amistades indestructibles. Número para jugar a la loto: 38.
— *Beber una:* recibirá una respuesta positiva respecto a ese asunto que tanto le preocupa. Número para jugar a la loto: 14.
— *Preparar una:* los malos momentos se están acabando, dispone del apoyo de personas influyentes que le ayudarán tanto en lo material como en lo moral. Número para jugar a la loto: 13.

Decorar: Representa la alegría, el candor y la confianza. Número para jugar a la loto: 31.
— *Árboles:* tiene reservada una suerte próspera y repleta de satisfacciones. Número para jugar a la loto: 14.
— *Paredes:* obtendrá grandes ventajas de algunas acciones realizadas de forma involuntaria. Número para jugar a la loto: 12.

— *Personas:* recibirá elogios y honores por sus méritos. Número para jugar a la loto: 9.

Decreto: Representa la ley, el orden y la obediencia. Número para jugar a la loto: 37.
— *Fijar uno:* debe saber utilizar con discernimiento las sugerencias que se le han proporcionado y en poco tiempo dará la vuelta a su situación. Número para jugar a la loto: 10.
— *Leer uno:* no debe ceder a la melancolía, le esperan momentos muy favorables. Número para jugar a la loto: 10.

Dedal: Es sinónimo de protección, comodidad y amabilidad de ánimo. Número para jugar a la loto: 15.
— *Utilizar uno:* una cuestión que resultaba precaria se resolverá de forma favorable para usted. Número para jugar a la loto: 10.
— *Ver uno:* su temor por una maternidad indeseada resultará infundada. Número para jugar a la loto: 29.

Defender: representa la protección, el sostén y la tutela. Número para jugar a la loto: 39.
— *Animales:* conseguirá salir sin demasiadas dificultades de una situación escabrosa. Número para jugar a la loto: 15.
— *Personas:* ningún obstáculo amenaza sus proyectos. Número para jugar a la loto: 8.

Delfín: En las historias mitológicas se le consideraba un mensajero de los dioses que socorría a los pobres mortales; representa además la renovación espiritual y la fidelidad conyugal. Número para jugar a la loto: 28.
— *Adiestrar uno:* superará brillantemente todas las dificultades debidas a un carácter demasiado impetuoso. Número para jugar a la loto: 16.
— *Ver uno:* recibirá inesperadamente ayuda y protección. Número para jugar a la loto: 42.

Depilar: Representa el orden, la voluntad y el juicio. Número para jugar a la loto: 31.
— *Brazos:* la fortuna protege sus negocios y sus iniciativas. Número para jugar a la loto: 11.
— *Piernas:* conseguirá hábilmente aquello que más quiere. Número para jugar a la loto: 15.

Depositar: Véase *Dinero*.

Derribar: Indica fuerza, coraje y perseverancia. Número para jugar a la loto: 12.
— *Viviendas:* se encuentra en un momento decisivo para su vida, de ahora en adelante todo le irá viento en popa. Número para jugar a la loto: 13.

Desarmar: Representa la audacia, la sangre fría y el conocimiento. Número para jugar a la loto: 35.
— *A un amigo:* es el momento favorable para poner en marcha algunos proyectos, no debe tener miedo y hablar con la persona adecuada. Número para jugar a la loto: 13.
— *A un bandido:* ha llegado el momento para usted de afirmar sus capacidades. Número para jugar a la loto: 8.
— *Ver a alguien:* los problemas que no se han resuelto se desvanecerán como la nieve al sol. Número para jugar a la loto: 49.

Desfile: Representa la estabilidad, la riqueza y el poder. Número para jugar a la loto: 38.
— *Formar uno:* está atravesando un periodo muy propicio tanto para el trabajo como para los asuntos del corazón. Número para jugar a la loto: 11.
— *Participar en uno:* sus proyectos para el futuro serán sin duda alguna realizados. Número para jugar a la loto: 13.
— *Ver uno:* conseguirá realizar todas sus esperanzas y sus deseos. Número para jugar a la loto: 7.

Deshollinador: Representa la simplicidad, la bondad y el altruismo. Número para jugar a la loto: 14.
- *Encontrarse con uno:* recibirá el apoyo de la diosa Fortuna en un asunto que usted considera muy arriesgado. Número para jugar a la loto: 6.
- *Hablar con uno:* realizará grandes empresas y recibirá grandes recompensas. Número para jugar a la loto: 16.
- *Ser uno:* hace mal en no creer en sus capacidades, la suerte le demostrará que está preparado para desarrollar cualquier tarea importante. Número para jugar a la loto: 16.
- *Ver uno:* están a punto de llegar para usted la riqueza y la abundancia. Número para jugar a la loto: 10.

Destilar: Denota paciencia, voluntad, fuerza de ánimo y seguridad. Número para jugar a la loto: 44.
- *Orujo:* hace bien en fijarse metas ambiciosas porque las conseguirá sin lugar a dudas. Número para jugar a la loto: 10.
- *Rosas:* su pareja le ama profundamente y está haciendo proyectos de matrimonio. Número para jugar a la loto: 9.
- *Vino:* recibirá grandes satisfacciones a partir de una actividad iniciada hace poco. Número para jugar a la loto: 8.

Detergente: Simboliza una renovación, un feliz acontecimiento y el bienestar. Número para jugar a la loto: 14.
- *Comprar:* este es el momento para llevar a término de forma conveniente algunas inversiones. Número para jugar a la loto: 16.
- *Utilizar:* una ráfaga de agradables novedades alegrará sus jornadas. Número para jugar a la loto: 18.
- *Ver:* recibirá noticias de una persona muy querida por usted que no veía desde hace tiempo. Número para jugar a la loto: 10.

Diadema: Este símbolo onírico es uno de entre los más afortunados porque anuncia el éxito y la notoriedad tanto en el campo sentimental como en el del trabajo. Número para jugar a la loto: 26.

Diálogo: Véase *Conversar*.

Diamante: Esta piedra resulta de buen augurio tanto para el amor como para el matrimonio, además tiene el poder de proporcionar y conservar la buena salud de su poseedor. Soñar con ella es presagio de retribución en amor y de rentables negocios. Número para jugar a la loto: 34.

Dibujar: Representa la voluntad del soñador de mejorarse y también la de destacar. Número para jugar a la loto: 28.
— *Desnudos tanto de mujer como de hombre:* ya puede estar seguro de que conseguirá lo que desea. Número para jugar a la loto: 11.
— *Paisajes:* la alegría y la felicidad visitarán su casa. Número para jugar a la loto: 15.
— *Personas:* presagio perfecto para los negocios y para el trabajo. Número para jugar a la loto: 15.

Dictar: Es sinónimo de mando, de lucidez y de predisposición al poder. Número para jugar a la loto: 33.
— *Cartas:* debe concentrar todas sus fuerzas en sus actividades; este es el momento en el que dará muchos frutos. Número para jugar a la loto: 8.
— *Telegramas:* conseguirá realizar sin ninguna duda todos sus proyectos para el futuro. Número para jugar a la loto: 16.

Dientes: Este símbolo onírico tiene significados ambivalentes; en este caso sólo hablamos de los más afortunados. Número para jugar a la loto: 43.
— *Cuidárselos:* conseguirá atrapar al vuelo una situación ventajosa. Número para jugar a la loto: 9.
— *Lavárselos:* recibirá una herencia o una donación. Número para jugar a la loto: 14.
— *Perderlos:* un cambio inesperado le traerá felicidad y bienestar. Número para jugar la loto: 13.

Difunto: Es sinónimo de premonición, de juicio y de algo sobrenatural. Número para jugar a la loto: 36.
- *Acompañar uno:* tendrá suerte y alegría en la familia, se verá cumplido uno de sus deseos. Número para jugar a la loto: 11.
- *Hablar con uno:* debe escuchar atentamente el mensaje que le llega porque es propicio y verdadero. Número para jugar a la loto: 11.
- *Ver uno:* noticias inesperadas le harán feliz. Número para jugar a la loto: 5.

Diligencia: Representa las novedades, los asuntos acabados de forma favorable. Número para jugar a la loto: 6.
- *Conducir una:* sin miedo, conseguirá resolver con mucha maestría los trabajos que le han confiado. Número para jugar a la loto: 13.
- *Ver una:* la respuesta que está esperando le será muy favorable. Número para jugar a la loto: 11.

Dinero: Representa el poder, las situaciones afortunadas y las alianzas ventajosas. Número para jugar a la loto: 32.
- *Encontrar:* debido a un golpe de suerte, su patrimonio aumentará de forma considerable. Número para jugar a la loto: 11.
- *Regalar:* será muy afortunado en todos los campos. Número para jugar a la loto: 7.
- *Ver:* le espera una mejora económica. Número para jugar a la loto: 46.

Diploma: Representa la constancia, la conquista, la gloria y el compromiso. Número para jugar a la loto: 26.
- *Dar uno:* su trabajo le proporcionará grandes satisfacciones y fuertes ingresos. Número para jugar a la loto: 38.
- *Recibir uno:* todas las adversidades que hasta ahora ha tenido que soportar no son más que el preludio de un futuro lleno de felicidad. Número para jugar a la loto: 14.

— *Ver uno:* no debe temer por los negocios que todavía tiene pendientes, se concluirán de forma ventajosa. Número para jugar a la loto: 40.

Diplomático: Simboliza la caridad, la habilidad y la paciencia. Número para jugar a la loto: 6.
— *Ser uno:* sus ideas y sus iniciativas serán aceptadas de forma favorable por sus superiores. Número para jugar a la loto: 8.
— *Ver uno:* alcanzará la fama y el éxito gracias a la ayuda de una persona influyente. Número para jugar a la loto: 11.

Diputado: Representa el honor, la habilidad y el éxito. Número para jugar a la loto: 37.
— *Acompañar a uno:* estará más decidido de lo normal y esto sólo hará que la situación mejore. Número para jugar a la loto: 12.
— *Ser uno:* en un viaje encontrará la solución para algunos problemas referentes a su trabajo. Número para jugar a la loto: 12.
— *Ver a uno:* si está buscando una nueva casa conseguirá encontrarla. Número para jugar a la loto: 6.

Director: Es sinónimo de seguridad, de mando, de honor y de astucia. Número para jugar a la loto: 48.
— *Acompañar a uno:* un verdadero golpe de fortuna le permitirá obtener ese trabajo que tanto le interesa. Número para jugar a la loto: 14.
— *Ser uno:* una de sus felices intuiciones le permitirá aumentar su volumen de negocios. Número para jugar a la loto: 14.
— *Ver a uno:* saldrá vencedor en un asunto dificultoso. Número para jugar a la loto: 8.

Dirigible: Personifica el coraje, la sabiduría, la intuición y la verdad. Número para jugar a la loto: 8.
— *Guiar uno:* todos sus méritos finalmente serán reconocidos. Número para jugar a la loto: 15.

— *Seguir a uno:* se anuncian con antelación nuevos y agradables encuentros y fabulosos retornos de pasión. Número para jugar a la loto: 9.
— *Ver uno:* la fortuna le concederá la realización de todos sus anhelos. Número para jugar a la loto: 13.

Discoteca: Es sinónimo de alegría, de amistades sinceras y de carácter optimista. Número para jugar a la loto: 46.
— *Entrar:* recibirá inesperadamente la visita de una persona que creía perdida para siempre. Número para jugar a la loto: 8.
— *Ver una:* conocerá a una persona dispuesta a ayudarle en sus problemas. Número para jugar a la loto: 6.

Distintivo: Representa la afirmación, el deber, la seguridad y la curiosidad. Número para jugar a la loto: 12.
— *Colocarse uno:* a partir de una situación imprevista conseguirá alcanzar un lugar de prestigio. Número para jugar a la loto: 3.
— *Tener uno:* la fortuna es su amiga y le proporcionará un premio considerable. Número para jugar a la loto: 14.
— *Ver uno:* conseguirá dispersar a todos sus enemigos. Número para jugar a la loto: 8.

Diván: Este símbolo onírico es seguramente de buen auspicio. Soñar con él o verse estirado sobre él anuncia con antelación encuentros sentimentales favorables y horas felices pasadas en compañía de la persona amada. Número para jugar a la loto: 19.

Dividir: Representa la claridad, la puntillosidad y la constancia. Número para jugar a la loto: 44.
— *Cartas:* recibirá una respuesta positiva por ese asunto que tanto le preocupaba. Número para jugar a la loto: 10.
— *Dinero:* nuevos acontecimientos le permitirán acabar felizmente un contrato que había quedado en suspenso durante mucho tiempo. Número para jugar a la loto: 13.

Divinidad: Simboliza el juicio, la purificación y lo sobrenatural. Soñar una divinidad, tanto si pertenece a la propia religión como si no, anuncia con anticipación acontecimientos muy favorables para su futuro. Número para jugar a la loto: 45.

Dólares: Representan la riqueza, la opulencia y las incógnitas llevadas a buen fin. Número para jugar a la loto: 30. Véase también *Dinero*.
— *Tener:* debe decidir positivamente e iniciar una actividad personal, el momento es para usted muy favorable. Número para jugar a la loto: 14.
— *Ver:* un acontecimiento sorprendente le proporcionará mucha alegría. Número para jugar a la loto: 44.

Dos: Véase *Números*.

Dragón: Personifica la lucha, la potencia, la molestia y la mortificación. Número para jugar a la loto: 26.
— *Amaestrar uno:* todo lo que desea se cumplirá indudablemente. Número para jugar a la loto: 13.
— *Cabalgar uno:* se siente angustiado por despechos y calumnias, pero una buena noticia le levantará la moral. Número para jugar a la loto: 49.

Droguería: Es sinónimo de erotismo, de acontecimientos inusitados, de habilidad dialéctica. Número para jugar a la loto: 45.
— *Estar en una:* sus proyectos tendrán seguramente un final feliz. Número para jugar a la loto: 12.
— *Ver una:* un acontecimiento sorprendente le proporcionará una gran alegría. Número para jugar a la loto: 14.

Dromedario: Representa la fortuna, la conquista, la gloria y los compromisos. Número para jugar a la loto: 47.
— *Acompañar a uno:* sus estudios y sus proyectos sufrirán mejoras considerables. Número para jugar a la loto: 13.

— *Cabalgar uno:* una persona que le ama le ayudará económicamente sacándole de grandes apuros. Número para jugar a la loto: 7.
— *Ver uno:* en amor le espera sin duda la felicidad y la fortuna. Número para jugar a la loto: 7.

Dúo: Simboliza las buenas amistades y las uniones duraderas. Número para jugar a la loto: 9.
— *Acompañar uno:* atravesará un periodo muy favorable tanto para el amor como para el trabajo. Número para jugar a la loto: 38.
— *Escuchar uno:* dispone de buenas posibilidades para influir sobre la persona que tanto le interesa. Número para jugar a la loto: 45.
— *Formar uno:* sus proyectos de amor llegarán seguramente a buen puerto. Número para jugar a la loto: 33

E

Ebanista: Representa el ingenio, la laboriosidad y la habilidad. Número para jugar a la loto: 37.
- *Encontrar uno:* gozará de un gran éxito en los negocios, en este periodo se verán favorecidas las inversiones. Número para jugar a la loto: 16.
- *Ser uno:* le esperan riqueza y abundancia. Número para jugar a la loto: 12.
- *Ver uno:* las iniciativas que ha tomado le llevarán sin ninguna duda a aquello que usted desea ardientemente. Número para jugar a la loto: 6.

Eco: Este símbolo onírico resulta ser muy favorable para los amantes y anuncia de antemano encuentros repletos de deseo o el reencuentro de la pareja si han discutido. Número para jugar a la loto: 12.

Ectoplasma: este símbolo onírico representa lo oculto y la eternidad, soñar con él es de buen augurio para la resolución de todos los problemas existenciales que trabajan el ánimo del soñador. Número para jugar a la loto: 39.

Editor: Es sinónimo de conocimiento, de información y de voluntad. Número para jugar a la loto: 38.
- *Ir a uno:* su carrera está destinada a triunfar. Número para jugar a la loto: 9.

— *Ser uno:* un acontecimiento inesperado cambiará radicalmente su futuro. Número para jugar a la loto: 13.
— *Ver uno:* obtendrá el éxito en sus investigaciones y en sus estudios de la mejor forma posible, aunque el esfuerzo será notable. Número para jugar a la loto: 7.

Egipto: Representa el misterio, la reencarnación y los acontecimientos fantásticos. Número para jugar a la loto: 39.
— *Estar allí:* un viaje de negocios le proporcionará mucha fortuna. Número para jugar a la loto: 15.
— *Ir allí:* conseguirá tener esa casa que tanto le gustaba. Número para jugar a la loto: 10.
— *Ver:* están a punto de llegar cambios favorables para usted. Debe aprovecharlos bien. Número para jugar a la loto: 8.

Ejército: Representa la competitividad, la agresividad y la fuerza moral. Número para jugar a la loto: 46.
— *Pertenecer a uno:* siente el mundo en contra suya, pero no debe detenerse. Conseguirá reaccionar en el mejor de los modos y conquistar lo que le corresponde por derecho. Número para jugar a la loto: 1.
— *Ver uno:* un acontecimiento inesperado cambiará radical e indulgentemente su futuro. Número para jugar a la loto: 6.

Electricista: Personifica la fuerza, el coraje, la paciencia y la laboriosidad. Número para jugar a la loto: 15.
— *Encontrarse con uno:* ahora es el momento más favorable para empezar nuevos proyectos. Número para jugar a la loto: 7.
— *Ser uno:* podrá realizar cada una de sus aspiraciones gracias a la inteligencia y a la intuición que posee. Número para jugar a la loto: 17.

Electrotécnico: Es sinónimo de ingenio, de curiosidad, de voluntad y de sinceridad. Número para jugar a la loto: 7.

— *Ser uno:* ha llegado el momento de afrontar la situación con intuición y urgencia; entonces encontrará la afortunada ocasión para salir a flote. Número para jugar a la loto: 27.
— *Ver uno:* se verá favorecido por inversiones a largo plazo. Número para jugar a la loto: 21.

Elefante: Simboliza la fuerza de ánimo, la memoria, la seguridad y la fortuna. Número para jugar a la loto: 35.
— *Amaestrar uno:* sus expectativas están destinadas a ser satisfechas. Número para jugar a la loto: 13.
— *Capturar uno:* una causa legal que se prolongaba desde hacía tiempo se concluirá a favor suyo. Número para jugar a la loto: 15.

Elfo: Representa lo fantástico, los sueños y la consecución de las aspiraciones imposibles. Número para jugar a la loto: 16.
— *Encontrar uno:* nuestros sueños más atrevidos se cumplirán cuanto menos nos lo esperemos. Número para jugar a la loto: 13.
— *Ser uno:* hemos encontrado la justa medida entre sueño y realidad, ahora ya no hay nada que se oponga a que sus aspiraciones se concreten de forma favorable. Número para jugar a la loto: 36.
— *Ver uno:* en este momento todo se conjura de forma que podamos obtener éxitos duraderos. Número para jugar a la loto: 30.

Elogio: Representa la espera, la confianza y los obstáculos superados. Número para jugar a la loto: 30.
— *Hacer uno:* recibirá una ayuda inesperada de una persona que ha conocido hace poco pero que aprecia mucho. Número para jugar a la loto: 9.
— *Recibir uno:* gracias a un golpe de suerte conseguirá aumentar de forma considerable su patrimonio y sus ingresos. Número para jugar a la loto: 9.

Embalar: Es sinónimo de confidencialidad, de seguridad y de sinceridad. Número para jugar a la loto: 19.

— *Muebles:* su ocupación le reservará novedades muy agradables. Número para jugar a la loto: 43.
— *Objetos:* conseguirá mantener en secreto sus intenciones reales y conseguirá la victoria. Número para jugar a la loto: 10.

Embalsamar: Representa la eternidad, el cuidado y el renacimiento. Número para jugar a la loto: 30.
— *Animales:* debe ser rápido porque le espera la fortuna y la felicidad. Número para jugar a la loto: 6.
— *Nosotros:* su salud no corre ningún peligro y mejorará cada día más. Número para jugar a la loto: 14.
— *Personas:* algunas situaciones extrañas le comprometerán emotivamente, no debe sentir temor de afrontarlas porque obtendrá novedades positivas. Número para jugar a la loto: 8.

Embarcar: Representa la voluntad, la esperanza y las ganancias. Número para jugar a la loto: 28.
— *Animales:* alcanzará la meta que se ha fijado obteniendo mejoras económicas. Número para jugar a la loto: 13.
— *Nosotros:* estará sujeto a cambios que le traerán un aumento de ingresos. Número para jugar a la loto: 12.
— *Personas:* concluirá con éxito una gran operación financiera. Número para jugar a la loto: 15.

Embellecer: Representa la gracia, la virtud y la alegría. Número para jugar a la loto: 36.
— *Casa:* se aproxima un feliz matrimonio. Número para jugar a la loto: 49.
— *Persona:* sus méritos serán reconocidos por todos, satisfacciones tanto en el campo amoroso como en el del trabajo. Número para jugar a la loto: 15.

Emblema: Representa la potencia, la nobleza de ánimo y la fortuna incondicional. Número para jugar a la loto: 18.

— *Dibujar uno:* será feliz, le espera un amor sincero y la tranquilidad económica. Número para jugar a la loto: 46.
— *Ver uno:* conseguirá tener ingresos considerables gracias a la ayuda de una persona influyente. Número para jugar a la loto: 32.

Embudo: Simboliza los esfuerzos, las incógnitas y la voluntad. Número para jugar a la loto: 18.
— *Comprar uno:* obtendrá una gran satisfacción moral sobre las personas envidiosas. Número para jugar a la loto: 47.
— *Utilizar uno:* le ofrecerán varias oportunidades, debe utilizar su inteligencia para reconocer la más favorable. Número para jugar a la loto: 13.
— *Ver uno:* ha suscitado el interés de una persona muy importante que le será muy útil en un futuro próximo. Número para jugar a la loto: 32.

Emigrante: Representa la lealtad, la fraternidad y los viajes favorables. Número para jugar a la loto: 48.
— *Encontrar a uno:* recibirá una buena noticia que le hará feliz. Número para jugar a la loto: 7.
— *Ser uno:* los temores que tiene son infundados, seguramente conseguirá acertar obteniendo considerables ventajas personales. Número para jugar a la loto: 14.
— *Ver uno:* aunque los falsos amigos han intentado obstaculizarle, conseguirá alcanzar igualmente el éxito en su trabajo. Número para jugar a la loto: 8.

Emperador: Representa la fuerza de ánimo, la autoridad y la intuición. Número para jugar a la loto: 40.
— *Acompañar a uno:* la fortuna le ayudará en algunas operaciones de bolsa. Número para jugar a la loto: 15.
— *Ser uno:* alcanzará buenas posiciones en su actividad consiguiendo vencer de esta forma la concurrencia desleal de algunos colegas. Número para jugar a la loto: 6.

— *Ver a uno:* todas sus esperanzas se cumplirán y obtendrá finalmente lo que desea. Número para jugar a la loto: 9.

Empleado/a: Es sinónimo de orden, de laboriosidad y de buenos propósitos. Números para jugar a la loto: 24 y 27.
— *Ser uno/a:* finalmente podrá permitirse adquirir una cosa que deseaba desde hace mucho tiempo. Números para jugar a la loto: 44 y 47.
— *Ver uno/a:* conseguirá rehacerse con habilidad de algunas pérdidas recientes. Números para jugar a la loto: 38 y 41.

Emporio: Representa las asociaciones favorables, las ayudas morales y económicas inesperadas. Número para jugar a la loto: 36.
— *Estar en uno:* realizará grandes negocios y recibirá buenas recompensas. Número para jugar a la loto: 12.
— *Trabajar en uno:* la fortuna le ayudará y le dará ventajas favorables en algunas operaciones económicas. Número para jugar a la loto: 14.
— *Ver uno:* están a punto de llegar para usted la riqueza y la abundancia. Número para jugar a la loto: 5.

Empresa: Es sinónimo de seguridad, de inteligencia y de espíritu crítico. Número para jugar a la loto: 33.
— *Comprar una:* no debe poner límites a su fantasía y a su espíritu de aventura porque todo lo que emprenderá de ahora en adelante está destinado al éxito. Número para jugar a la loto: 8.
— *Tener una:* en un futuro próximo, su situación económica mejorará de forma considerable. Número para jugar a la loto: 8.

Encaramarse: Simboliza la curiosidad, la audacia y las novedades positivas. Número para jugar a la loto: 43.
— *A los árboles:* le esperan en breve riquezas y abundancia. Número para jugar a la loto: 13.
— *Por las escaleras:* muy bien todo lo referente al amor; si se ha peleado llegarán dulces reconciliaciones. Número para jugar a la loto: 9.

— *A las montañas:* grandes oportunidades le esperan; cambios tanto en el campo sentimental como en el laboral. Número para jugar a la loto: 16.
— *Por las paredes:* nuevas propuestas ventajosas le traerán un considerable aumento de sus ingresos. Número para jugar a la loto: 5.

Encargo: Representa la confianza, la voluntad y los acontecimientos positivos. Número para jugar a la loto: 30.
— *Dar uno:* tiene que permitirse ser exigente porque de ahora en adelante puede conseguir obtener todo lo que desea. Número para jugar a la loto: 42.
— *Recibir uno:* conseguirá dirigir hábilmente su balanza de forma que le permita hacer algo realmente extraordinario. Número para jugar a la loto: 9.

Encender: Simboliza la franqueza, la energía, la curiosidad y la disponibilidad hacia los demás. Número para jugar a la loto: 35.
— *Fuego:* conseguirá alcanzar gracias a sus dotes un puesto de gran responsabilidad. Número para jugar a la loto: 13.
— *Luz:* superará cualquier controversia y conseguirá ganar una causa que le afecta mucho. Número para jugar a la loto: 40.
— *Velas:* encontrará amigos sinceros que le apreciarán siempre. Número para jugar a la loto: 7.

Enciclopedia: Es sinónimo de curiosidad, de inteligencia y de saber. Número para jugar a la loto: 7.
— *Comprar una:* gracias a su perspicacia conseguirá atrapar al vuelo y concluir felizmente un negocio muy importante. Número para jugar a la loto: 9.
— *Encontrar una:* la fortuna le ayudará a superar problemas que le parecían irresolubles. Número para jugar a la loto: 13.
— *Leer una:* con un poco de astucia conseguirá dar la vuelta de forma conveniente a su situación económica. Número para jugar a la loto: 7.

Encina: Representa la eternidad, la fuerza y la grandeza de ánimo. Soñar con ella lleva fortuna a los enamorados que gozarán de la fidelidad perpetua de la pareja y no será nunca dividida; además, se trata de un símbolo de éxito para todos los atletas y para los comerciantes. Número para jugar a la loto: 24.

Encolar: Es sinónimo de evolución, de buenos propósitos y de deseo. Número para jugar a la loto: 24.
— *Cerámica:* la diosa Fortuna le regalará un periodo satisfactorio en todos los campos. Número para jugar a la loto: 10.
— *Madera:* atravesará un periodo muy feliz en el que reforzará sus relaciones de amistad con personas muy válidas. Número para jugar a la loto: 44.
— *Papel:* se le dará la oportunidad de realizar ciertos proyectos financieramente ventajosos. Número para jugar a la loto: 41.

Encontrar: Representa los imprevistos, las relaciones y las noticias inhabituales y agradables. Número para jugar a la loto: 42.
— *Amigos:* gozará de un gran golpe de fortuna. Debe aprovecharlo mientras esté a tiempo. Número para jugar a la loto: 10.
— *Parientes:* tendrá una entrevista prometedora que le llevará a un aumento de posición en el trabajo. Número para jugar a la loto: 13.
— *Personas desconocidas:* su relación sentimental le llevará al límite de la felicidad. Número para jugar a la loto: 13.

Encuadernador: Representa la constancia, la generosidad y la curiosidad. Número para jugar a la loto: 48.
— *Ir a uno:* alcanzará la tranquilidad económica gracias a la ayuda de un pariente que le hará un préstamo y le dará buenos consejos. Número para jugar a la loto: 10.
— *Ser uno:* conseguirá triunfar sobre todos sus antagonistas. Número para jugar a la loto: 14.
— *Ver a uno:* la suerte le ayudará a superar momentos de depresión regalándole buenas amistades. Número para jugar a la loto: 8.

Endrino: Está considerada desde hace milenios una planta afortunada, portadora de grandes beneficios en todos los campos. De hecho se trata de un potente talismán para todos los amantes y quien se declare a su lado está destinado al matrimonio; llevar algunas hojas de esta planta en el bolso le acercará a la fortuna, si luego construye un bastón de montaña con su madera estará preservado del peligro de las víboras y si lleva siempre con usted un pedazo de madera de endrino como amuleto ninguna fuerza maligna podrá hacerle daño. Además, soñar con el endrino constituye uno de los presagios más apreciados porque anuncia fortuna en todos los campos. Número para jugar a la loto: 35.

Enebro: Representa la constancia, la ternura y la sinceridad. Número para jugar a la loto: 26.
— *Comprar:* estará dotado de mucho *savoir faire* y todos le ayudarán en sus iniciativas. Número para jugar a la loto: 10.
— *Utilizar:* conseguirá aprovecharse de las ocasiones imprevistas y realizar buenos negocios. Número para jugar a la loto: 12.

Enemigo: Representa las reconciliaciones, el éxito y las respuestas. Número para jugar a la loto: 35.
— *Besar a uno:* tendrá mucho atractivo y determinación, esto favorecerá sus relaciones interpersonales. Número para jugar a la loto: 13.
— *Encontrar uno:* no debe sacar conclusiones catastróficas. Muy pronto llegarán cambios muy favorables para usted. Número para jugar a la loto: 14.
— *Vencer a uno:* con rapidez de espíritu conjurará un peligro que amenazaba su casa. Número para jugar a la loto: 6.

Enfermero/a: Simboliza el altruismo, la protección, la magnanimidad y los instintos positivos. Números para jugar a la loto: 41 y 44.
— *Encontrar uno/a:* se encontrará en un periodo constructivo que le permitirá renovar su existencia. Números para jugar a la loto: 11 y 14.

— *Ser uno/a:* la fortuna le asegurará su ayuda siempre que sepa actuar con altruismo y generosidad. Números para jugar a la loto: 7 y 10.
— *Ver uno/a:* encontrará, a través de un allegado suyo, el camino para resolver algunos de sus problemas. Números para jugar a la loto: 10 y 13.

Enharinar: Representa el deseo, la laboriosidad y la fantasía. Número para jugar a la loto: 44.
— *Carne:* no obstante las dificultades conseguirá conquistar completamente a la persona deseada. Número para jugar a la loto: 9.
— *Pescado:* encontrará el equilibrio justo para poder realizar sus deseos. Número para jugar a la loto: 11.

Ensalada: Representa la humildad, la condescendencia y el entusiasmo. Número para jugar a la loto: 24.
— *Aliñar:* su balanza conseguirá encontrar la estabilidad gracias a una operación especulativa muy ventajosa. Número para jugar a la loto: 48.
— *Comprar:* muy pronto se producirá una mejora general de su vida. Número para jugar a la loto: 8.
— *Limpiar:* vivirá en un clima de amistad y de armonía. Número para jugar a la loto: 13.
— *Roja:* estará en muy buenas condiciones tanto físicas como espirituales y logrará realizar sus proyectos. Número para jugar a la loto: 40.
— *Verde:* llevará a término un trato que se revelará un verdadero negocio. Número para jugar a la loto: 47.

Entrada: Representa la sexualidad, el deseo de sobresalir y de ser correspondidos. Número para jugar a la loto: 30.
— *Abierta:* encontrará el camino trillado por ricos protectores que le tendrán bajo su «ala». Número para jugar a la loto: 10.
— *Franquear una:* conseguirá tener la completa dedicación de su pareja. Número para jugar a la loto: 13.

Entrar: Simboliza la audacia, la habilidad y la firme voluntad de triunfar. Número para jugar a la loto: 32.
— *En una casa:* recibirá de forma inesperada una gran suma de dinero. Número para jugar a la loto: 45.
— *En una iglesia:* se le presentan inmejorables ocasiones para asombrar a sus superiores. Número para jugar a la loto: 9.
— *En una tienda:* le esperan años de felicidad y de abundancia, debe tener paciencia durante un tiempo. Número para jugar a la loto: 9.

Entrelazar: Representa el amor, el deseo y las relaciones sociales y ventajosas. Número para jugar a la loto: 42.
— *Hilo:* recibirá noticias de una persona amada que no veía hace tiempo. Número para jugar a la loto: 10.
— *Lana:* no debe tener miedo, su pareja es sincera y le ama apasionadamente. Número para jugar a la loto: 48.
— *Paja:* le ofrecerán una colaboración muy ventajosa que le llevará finalmente a la estabilidad económica. Número para jugar a la loto: 8.

Envolver: Representa la constancia, la dedicación y el amor fiel. Número para jugar a la loto: 29.
— *Carne:* próximamente tendrá un encuentro determinante que jugará un papel muy importante en su vida y en sus decisiones en un futuro. Número para jugar a la loto: 48.
— *Fruta:* no debe tener miedo, los problemas de intereses que todavía están pendientes se resolverán a su favor. Número para jugar a la loto: 43.
— *Pescado:* todo lo que ha deseado ardientemente hasta ahora se cumplirá sin ninguna duda. Número para jugar a la loto: 14.
— *Vestidos:* la persona amada reconocerá sus méritos y muy pronto le pertenecerá completamente. Número para jugar a la loto: 15.

Epiléptico: Aunque este símbolo onírico puede parecer a primera vista negativo, soñar con una persona epiléptica (o soñar que se es) indica una gran fortuna. Este sueño anuncia con adelanto grandes acontecimientos y posibles cambios positivos sobre toda la esfera afectiva y de trabajo del soñador. Número para jugar a la loto: 10.

Epitafio: Representa las decisiones, el pasado y la vanidad. Número para jugar a la loto: 48.
— *Escribir el de otro:* su salud mejorará considerablemente, estará rodeado del afecto y cuidados de sus seres queridos. Número para jugar a la loto: 17.
— *Escribir el propio:* obtendrá un ascenso de posición porque se reconocerán todos sus méritos. Número para jugar a la loto: 27.
— *Leer el de otro:* obtendrá muchos éxitos personales gracias a las informaciones que recibirá de unos amigos. Número para jugar a la loto: 13.
— *Leer el propio:* muy pronto conseguirá realizar una de sus aspiraciones secretas. Número para jugar a la loto: 12.

Ermitaño: Representa la sabiduría, el conocimiento, la intuición y la consecución de la tranquilidad. Número para jugar a la loto: 42.
— *Encontrar uno:* tendrá asegurado el éxito en aquello que más le urge, sobre todo gracias a una feliz iniciativa en el campo intelectual. Número para jugar a la loto: 12.
— *Ser uno:* debe frenar su impaciencia porque la situación en la que se encuentra mejorará considerablemente. Número para jugar a la loto: 8.
— *Ver uno:* el horizonte empieza a despejarse para usted y no debe perder el ánimo precisamente ahora. Número para jugar a la loto: 11.

Escaleras: Representan la gloria, el deseo de sobresalir, los honores y el éxito en el campo afectivo. Número para jugar a la loto: 39.
— *Construir unas:* se ha merecido el bienestar y la prosperidad, de ahora en adelante no tendrá ningún problema. Número para jugar a la loto: 9.

— *Subir:* aún no se ha dado cuenta, pero la fortuna es su compañera fiel. Número para jugar a la loto: 12.
— *Ver:* le espera una agradable sorpresa que le colmará de felicidad. Número para jugar a la loto: 8.

Escalón: Representa las metas que se tienen que perseguir, los obstáculos y los peligros que debe afrontar. Número para jugar a la loto: 25.
— *Construir uno:* ha llegado para usted el momento para afrontar incluso las empresas más audaces porque seguramente llegarán a buen fin. Número para jugar a la loto: 13.
— *Subir sobre uno:* está a punto de llegar un verdadero golpe de fortuna en el que obtendrá muchas ganancias extras. Número para jugar a la loto: 7.

Escaño: Representa la libertad, el bienestar y las decisiones afortunadas. Soñar que se encuentra en un escaño electoral anuncia fortuna en su trabajo y en su carrera, sobre todo si tiene que relacionarse con trabajos públicos o con cargas públicas. Número para jugar a la loto: 26.

Escarabajo: Muy conocido por toda la humanidad, nos llega del antiguo Egipto (donde la figura de este insecto se esculpía y todavía se esculpe sobre piedras preciosas); es símbolo de vida, renacimiento, transformación y todavía hoy en este país es costumbre llevar un anillo con un escarabajo grabado para que dé salud, fuerza y proteja de todas las influencias negativas a su poseedor. Soñar con él anuncia fortuna en los negocios, una vida serena y afectos sinceros y duraderos. Número para jugar a la loto: 36.

Escenario: Representa la fantasía y las situaciones insólitas. Número para jugar a la loto: 45.
— *Abrir uno:* obtendrá una revancha imprevisible sobre todos sus enemigos. Número para jugar a la loto: 8.
— *Ver uno:* recibirá grandes pruebas de estima y de afecto. Número para jugar a la loto: 14.

Escoba: Representa el orden, la tranquilidad y la seguridad en el mañana. Número para jugar a la loto: 23.
— *Comprar una:* su trabajo le reservará novedades agradables. Número para jugar a la loto: 7.
— *Utilizar una:* todo lo que emprenderá de ahora en adelante obtendrá el éxito debido. Número para jugar a la loto: 9.
— *Ver una:* tiene que creer en el mensaje onírico porque se revelará fructífero y verdadero. Número para jugar a la loto: 37.

Escriño: Representa los tesoros escondidos, las acciones afortunadas, las pacificaciones, los reencuentros y la riqueza. Número para jugar a la loto: 41.
— *Abrir uno:* alcanzará el éxito financiero después de haber cumplido una valoración exacta. Número para jugar a la loto: 13.
— *Encontrarse uno:* sus deseos más secretos se cumplirán. Número para jugar a la loto: 15.
— *Ver uno:* saldrá victorioso de una controversia que le había mantenido con el alma en vilo. Número para jugar a la loto: 10.

Escritor: Representa las capacidades de desarrollarse, la inteligencia y la sabiduría. Número para jugar a la loto: 7.
— *Colaborar con uno:* no tienen que asustarle los obstáculos porque alcanzará la meta soñada. Número para jugar a la loto: 10.
— *Hablar con uno:* se mantendrá joven tanto de espíritu como de aspecto durante mucho tiempo. Número para jugar a la loto: 9.
— *Ser uno:* se le presentarán ocasiones únicas para demostrar su habilidad. Número para jugar a la loto: 9.
— *Ver a uno:* gozará de estados de ánimo serenos y felices. Número para jugar a la loto: 12.

Escudilla: Simboliza las entradas, la habilidad y las situaciones afortunadas. Número para jugar a la loto: 33.
— *Comprar una:* le esperan cambios favorables en su profesión. Número para jugar a la loto: 8.

— *Llenar una:* sus entradas aumentarán inesperadamente de forma estrepitosa. Número para jugar a la loto: 6.
— *Ver una:* le propondrán para un cargo que deseaba desde hace tiempo. Número para jugar a la loto: 47.

Escudo: Simboliza el atrevimiento, la protección y el éxito. Número para jugar a la loto: 25.
— *Encontrarse uno:* las promesas que le han hecho se mantendrán sin duda alguna. Número para jugar a la loto: 8.
— *Pintar uno:* conseguirá cambiar con ventaja para usted una condición que hasta ahora se presentaba muy crítica. Número para jugar a la loto: 14.
— *Utilizar uno:* encontrará quien pueda ayudarle en una empresa difícil. Número para jugar a la loto: 11.
— *Ver uno:* gozará de un periodo muy propicio para alcanzar sus objetivos. Número para jugar a la loto: 39.

Escuela: Representa el saber, las reminiscencias y la buena voluntad. Número para jugar a la loto: 24.
— *Acudir:* las metas que se ha fijado las alcanzará de forma puntual. Número para jugar a la loto: 40.
— *Entrar en ella:* su casa y sus familiares gozarán durante mucho tiempo de fortuna. Número para jugar a la loto: 9.
— *Ver una:* todo se resolverá, aunque con problemas, de la mejor forma posible. Número para jugar a la loto: 38.

Esculpir: Simboliza la hombría, la intuición y la docilidad. Número para jugar a la loto: 39.
— *Madera:* llevará seguramente a término un proyecto que resultará fascinante. Número para jugar a la loto: 14.
— *Mármol:* de ahora en adelante todo le será más fácil y no encontrará más obstáculos en su camino. Número para jugar a la loto: 11.
— *Piedra:* ha llegado para usted el momento en el que recibirá muchas satisfacciones personales. Número para jugar a la loto: 7.

Esencias: Representan la vanidad, la alegría, el bienestar y las satisfacciones. Número para jugar a la loto: 42.
— *Comprar:* próximamente sabrá que goza del amor incondicional de su pareja. Número para jugar a la loto: 8.
— *Preparar:* conseguirá alcanzar una posición de gran prestigio social. Número para jugar a la loto: 8.
— *Utilizar:* gozará de muy buena salud y alcanzará el éxito en su trabajo. Número para jugar a la loto: 10.

Esfera: Representa el misterio, el inconsciente y lo sobrenatural. Número para jugar a la loto: 37.
— *Mirar en una:* su futuro se revelará más que satisfactorio, debe recordar sólo que la perfección no es humana. Número para jugar a la loto: 13.
Véase también *Adivinación*.

Esgrima: Representa la audacia, la voluntad y la impetuosidad. Número para jugar a la loto: 39.
— *Practicar:* debe aceptar todos los desafíos que el destino le propone porque obtendrá la victoria. Número para jugar a la loto: 12.
— *Ver practicar:* seguramente sus estudios se verán coronados por el éxito. Número para jugar a la loto: 17.

Esmeralda: Simboliza la protección y la fortuna. Antiguamente se creía que tenía el poder de ayudar a la memoria, favorecer los sueños premonitorios, asegurar la fidelidad del propio amante, ayudar a las mujeres a dar a luz, dotar de elocuencia y proteger la vista. Está considerada el talismán de los navegantes porque los protege de los peligros del mar. Soñar con ella constituye siempre un presagio favorable tanto para los negocios del corazón como para el amor, la salud y el dinero. Número para jugar a la loto: 34.

Espada: Representa el poder, la defensa, las ayudas y la potencia. Número para jugar a la loto: 24.

— *Limpiar una:* defenderá con alegría una causa muy difícil y conseguirá la victoria. Número para jugar a la loto: 13.
— *Tener una:* alcanzará todos sus fines con gran éxito. Número para jugar a la loto: 8.
— *Utilizar una:* la diosa Fortuna le armará de espíritu combativo y la voluntad suficiente para alcanzar de la mejor forma posible sus metas. Número para jugar a la loto: 10.
— *Ver una:* conseguirá acallar definitivamente a las malas lenguas. Número para jugar a la loto: 38.

Espejo: Representa la previsión, el porvenir, la curación y la vanidad. Número para jugar a la loto: 31.
— *Comprar uno:* conseguirá encontrar la solución a sus problemas. Número para jugar a la loto: 6.
— *Utilizar uno:* conseguirá la promoción deseada gracias a informaciones secretas que le confiarán a través de una amistad. Número para jugar a la loto: 8.
— *Ver uno:* su salud mejorará de forma muy considerable. Número para jugar a la loto: 45.

Espigas: Representan la fortuna, la abundancia, la vida y la esperanza. Número para jugar a la loto: 45.
— *Recoger:* estará sujeto a unos cambios más que positivos tanto en su esfera afectiva como en su trabajo. Número para jugar a la loto: 11.
— *Transportar:* sus ganancias se verán incrementadas gracias a las buenas intuiciones. Número para jugar a la loto: 7.
— *Ver:* ahora obtendrá de la vida sólo las cosas más bonitas. Número para jugar a la loto: 14.

Espinacas: Son sinónimo de fuerza de voluntad, de triunfo personal y de importancia. Número para jugar a la loto: 43.
— *Cocinar:* recibirá muy pronto un aumento de grado. Número para jugar a la loto: 10.
— *Comer:* gozará de buena salud. Número para jugar a la loto: 10.

— *Comprar:* tiene que perseverar en sus intentos porque está destinado al éxito. Número para jugar a la loto: 9.
— *Limpiar:* derrotará a personas que querían perjudicarle. Número para jugar a la loto: 14.
— *Ver:* conseguirá obtener lo que le corresponde por derecho. Número para jugar a la loto: 12.

Espino: Antiguamente se creía que esta planta traía suerte si se colgaba a la puerta de las casas porque las preservaba de los litigios y de las influencias malignas. Soñar con él es un buen augurio porque proporciona bondad de ánimo. Número para jugar a la loto: 34.

Esquíes: Simbolizan la preparación, la libertad y la fuerza física. Número para jugar a la loto: 37.
— *Comprar unos:* tendrá una rápida recuperación de la salud. Número para jugar a la loto: 12.
— *Ponerse unos:* ese proyecto que le parece arriesgado nace bajo buenos auspicios, tiene que probar el todo por el todo. Número para jugar a la loto: 11.
— *Ver unos:* encontrará muy pronto la solución a sus problemas afectivos. Número para jugar a la loto: 6.

Establecimiento: Véase *Fábrica*.

Estación: Representa los viajes, los cambios afortunados y las innovaciones. Número para jugar a la loto: 42.
— *Construir una:* conseguirá alcanzar la meta que se había fijado aunque en un principio existan algunas dificultades. Número para jugar a la loto: 12.
— *Estar en una:* se siente atraído hacia lo desconocido y lo insólito y debe seguir su instinto porque le esperan sorpresas agradables. Número para jugar a la loto: 9.
— *Ver una:* tendrá un futuro lleno de felicidad. Número para jugar a la loto: 11.

Estiércol: Es uno de los símbolos oníricos más afortunados. En el sueño asume siempre un significado positivo y anuncia que está a punto de llegarle la fortuna en todos los campos. Número para jugar a la loto: 15.
— *Meterse en él:* la actividad que ha iniciado resultará muy afortunada dentro de poco. Número para jugar a la loto: 11.
— *Recoger:* es el momento adecuado para atreverse a hacer cualquier cosa. La fortuna es su amiga y le protegerá durante mucho tiempo. Número para jugar a la loto: 17.
— *Remover:* puede pedir incluso un aumento de sueldo o una promoción que deseaba desde hace mucho tiempo; seguramente se lo concederán. Número para jugar a la loto: 11.
— *Ver:* un acontecimiento afortunado le ayudará a poner orden en su vida devolviéndole la fuerza que había perdido hace tiempo. Número para jugar a la loto: 11.

Estrellas: Simbolizan la eternidad, el equilibrio, la esperanza y la serenidad. Número para jugar a la loto: 45.
— *Fugaces:* cada uno de sus deseos encontrará la forma de realizarse. Número para jugar a la loto: 13.
— *Resplandecientes:* sus proyectos de amor se realizarán en un tiempo muy breve. Número para jugar a la loto: 9.
— *Ver:* la diosa Fortuna está de su parte y le regalará muchos momentos felices. Número para jugar a la loto: 14.

Estufa: Representa la seguridad, la protección y la voluntad. Número para jugar a la loto: 30.
— *Calentarse cerca de una:* encontrará una persona que consolará su dolor y le amará con pasión. Número para jugar a la loto: 10.
— *Comprar una:* ha afrontado de forma tempestuosa una situación que podía plantearle un problema y ahora ha triunfado. Número para jugar a la loto: 14.
— *Encender una:* conquistará el corazón de la persona que le interesa. Número para jugar a la loto: 11.

— *Ver una:* conseguirá realizar inmediatamente una aspiración. Número para jugar a la loto: 14.

Eucalipto: Esta planta constituye un óptimo presagio para todos los asuntos del corazón porque anuncia satisfacciones y reconocimientos por parte de la persona amada, además aporta fortuna a las personas que se dedican al comercio y simboliza un aumento de ingresos. Número para jugar a la loto: 38.

Examen: Simboliza el juicio, la superación de los obstáculos y la consecución de las aspiraciones. Número para jugar a la loto: 24.
— *Hacer uno:* ¡animo! Ninguna dificultad se opone ya a sus expectativas. Número para jugar a la loto: 48.
— *Participar en uno:* no se siente atraído hacia todo lo que es artístico; debe perseverar porque está destinado al éxito. Número para jugar a la loto: 8.

Excavar: Representa la fuerza, la voluntad y las acciones afortunadas. Número para jugar a la loto: 27.
— *En el adoquinado:* todos sus esfuerzos encontrarán una adecuada recompensa. Número para jugar a la loto: 10.
— *En la arena:* conseguirá alejar un peligro. Número para jugar a la loto: 44.
— *En la tierra:* sus negocios se encuentran en un punto determinante, debe actuar con rapidez y recogerá el éxito. Número para jugar a la loto: 11.

Exorcista: Representa la solemnidad, lo oculto, el misterio y el final de las angustias. Número para jugar a la loto: 9.
— *Hablar con uno:* alcanzará la tranquilidad económica gracias al apoyo de una persona de alto rango. Número para jugar a la loto: 11.
— *Ser uno:* gracias a su fuerza moral conseguirá derrotar a quien quería causarle daño. Número para jugar a la loto: 11.

— *Ver uno:* conseguirá descubrir un secreto que le permitirá alcanzar lo que deseaba desde hace tiempo. Número para jugar a la loto: 14.

Explorador: Simboliza las novedades, la búsqueda de afirmación y lo fantástico. Número para jugar a la loto: 46.
— *Hablar con uno:* muy pronto recibirá un aumento de grado. Número para jugar a la loto: 12.
— *Ser uno:* debe lanzarse de cabeza en esa nueva actividad que le atrae, el éxito le espera. Número para jugar a la loto: 12.
— *Ver a uno:* no debe rendirse ante las primeras dificultades, su futuro está protegido por la diosa Fortuna. Número para jugar a la loto: 6.

Extraer: Simboliza la potencia, la buena voluntad, la fuerza de ánimo y la perseverancia. Número para jugar a la loto: 42.
— *Carbón:* está atravesando un periodo realmente afortunado en el que todos sus deseos se verán ampliamente satisfechos. Número para jugar a la loto: 8.
— *Oro:* la diosa Fortuna está completamente de su parte. Recibirá riquezas, honores y poderes. Número para jugar a la loto: 12.
— *Plata:* sus estudios y sus proyectos estarán sujetos a sustanciales y beneficiosas mejoras. Número para jugar a la loto: 14.

Extraterrestre: Representa las incógnitas, los cambios y las innovaciones. Número para jugar a la loto: 11.
— *Encontrar uno:* le espera un porvenir repleto de felicidad, todas sus grandes aspiraciones se verán cumplidas. Número para jugar a la loto: 8.
— *Ser uno:* se siente atraído hacia lo desconocido y lo insólito; debe seguir su instinto porque tendrá agradables sorpresas. Número para jugar a la loto: 4.
— *Ver a uno:* ese asunto, que no obstante sus esfuerzos ha permanecido en suspenso y que le aflige, concluirá felizmente. Número para jugar a la loto: 7.

Exvoto: Representa la fe, la esperanza y la resolución de problemas graves. Número para jugar a la loto: 32.

— *Comprar uno:* para gran sorpresa suya conseguirá obtener mejoras económicas. Número para jugar a la loto: 7.

— *Encontrar uno:* conseguirá superar felizmente todos aquellos obstáculos que se interponen entre usted y la meta fijada. Número para jugar a la loto: 11.

— *Ver uno:* una buena noticia le sacará de sus preocupaciones. Número para jugar a la loto: 46

F

Fábrica: Representa la laboriosidad, el ingenio y la voluntad. Número para jugar a la loto: 29.
— *Construir una:* recibirá un mensaje muy importante que le permitirá mejorar sus expectativas económicas. Número para jugar a la loto: 8.
— *Tener una:* la fortuna le llegará de forma inesperada gracias a conocidos del trabajo. Número para jugar a la loto: 13.
— *Ver una:* conseguirá imponer sus ideas y sus deseos con familiares demasiado egoístas y prepotentes. Número para jugar a la loto: 43.

Faisán: Representa la riqueza, la prosperidad y la abundancia. Número para jugar a la loto: 28.
— *Capturar uno:* se le pondrán a su disposición todos los medios necesarios para alcanzar su objetivo, debe saber aprovechar esta ocasión afortunada. Número para jugar a la loto: 8.
— *Ver uno:* se preparan para usted circunstancias muy favorables que le permitirán alcanzar lo que tanto desea desde hace tiempo. Número para jugar a la loto: 42.

Fanfarria: Representa el gozo, la alegría y la voluntad. Número para jugar a la loto: 41.
— *Encontrarla:* conseguirá que se cumpla inmediatamente una de sus aspiraciones. Número para jugar a la loto: 11.

— *Guiarla:* recibirá seguramente las noticias que esperaba y que le permitirán mejorar sus condiciones de vida. Número para jugar a la loto: 12.
— *Verla:* conseguirá superar a esas personas que querían separarle de la persona amada. Número para jugar a la loto: 10.

Faro: Representa la protección y las amistades influyentes. Número para jugar a la loto: 18.
— *Estar en uno:* unos amigos poderosos le sacarán de un gran atolladero en el que había caído por un descuido. Número para jugar a la loto: 48.
— *Ver uno:* ciertas cuestiones financieras que se habían paralizado de forma inexplicable encontrarán solución. Número para jugar a la loto: 32.

Farol: Véase *Iluminar*.

Fauno: Representa la fantasía, la libertad, la amplitud de miras. Número para jugar a la loto: 14.
— *Acompañar a uno:* su relación encontrará su coronación en una convivencia o en el matrimonio. Número para jugar a la loto: 43.
— *Serlo (para un hombre):* tendrá una fulgurante carrera en el sector de las artes o de la publicidad. Número para jugar a la loto: 8.
— *Serlo (para una mujer):* conseguirá vencer la resistencia de sus superiores y hacer valer sus ideas. Número para jugar a la loto: 8.
— *Ver a uno:* acabará de forma conveniente y en poco tiempo operaciones financieras muy rentables. Número para jugar a la loto: 28.

Fénix: Este pájaro misterioso que encarna el símbolo de la resurrección y del misticismo es un fabuloso símbolo onírico. Anuncia al soñador la resolución de todos los problemas existenciales, la felicidad para su familia y la curación de las enfermedades. Número para jugar a la loto: 31.

Feria: Representa los negocios favorables, la alegría y la seguridad. Número para jugar a la loto: 28.
— *Estar allá:* gozará de una situación cómoda y afortunada. Número para jugar a la loto: 13.
— *Ir allá:* recibirá un mensaje importante de una persona desconocida. Número para jugar a la loto: 44.
— *Ver una:* superará brillantemente un obstáculo que a usted le parecerá insuperable. Número para jugar a la loto: 42.

Ferrocarril: Simboliza las relaciones útiles, las nuevas intuiciones y los cambios. Número para la loto: 12.
— *Construir uno:* no debe tener miedo porque dispone de la fuerza y de la inteligencia necesarias para llevar a buen término todo aquellas responsabilidades que se le hayan confiado. Número para jugar a la loto: 9.
— *Ver uno:* se verá favorecido por la fortuna que le dará la intuición necesaria para desenmarañar un intrincado embrollo referente a su profesión. Número para jugar a la loto: 8.

Fisga: Es sinónimo de fuerza, de coraje y de aventura. Número para jugar a la loto: 31.
— *Comprar una:* debe mantener sólidos sus propósitos y obtendrá estrepitosos éxitos. Número para jugar a la loto: 6.
— *Utilizar una:* encontrará seguramente el coraje para superar todas las adversidades que le obstaculizan. Número para jugar a la loto: 8.
— *Ver una:* su deseo de poseer a la persona amada se verá satisfecho. Número para jugar a la loto: 9.

Flipper: Representa la despreocupación, la diversión y las victorias. Número para jugar a la loto: 38.
— *Jugar con uno:* recuperará la serenidad con una persona conocida de hace poco que le llenará de atenciones. Número para jugar a la loto: 13.

— *Ver uno:* es probable que gane a la loto. Número para jugar a la loto: 7.

Flor de lis: Representa la pureza y los amores correspondidos. Soñar con ella es de óptimo auspicio para las personas que están enamoradas secretamente porque anuncia una próxima declaración de amor por parte de la persona amada. Número para jugar a la loto: 45.

Flor de loto: Es un potente talismán que defiende del mal de ojo y expulsa las potencias negativas. Soñar con ella anuncia el éxito y la victoria sobre todas las adversidades. Número para jugar a la loto: 45.

Fonda: Representa las amistades, las compañías, las sociedades y los ingresos. Número para jugar a la loto: 18.
— *Comer en una:* recibirá una suma inesperada de dinero. Número para jugar a la loto: 39.
— *Estar en una:* con la ayuda de un amigo efectuará un cambio de domicilio favorable. Número para jugar a la loto: 48.
— *Ir a una:* unas noticias inesperadas satisfarán uno de sus deseos. Número para jugar a la loto: 34.
— *Tener una:* una persona de alto rango le ayudará a obtener esa concesión que le interesaba. Número para jugar a la loto: 47.

Fonógrafo: Simboliza la aventura, las cosas inusuales y los proyectos que han quedado sin resolver. Número para jugar a la loto: 42.
— *Comprar uno:* encontrará un apoyo inesperado en uno de sus colegas de trabajo. Número para jugar a la loto: 8.
— *Utilizar uno:* descubrirá muy pronto que está muy favorecido en el campo sentimental. Número para jugar a la loto: 10.
— *Ver uno:* conseguirá con gran habilidad apartarse de responsabilidades demasiado pesadas. Número para jugar a la loto: 11.

Forraje: Sinónimo de gran fortuna tanto en el campo amoroso como en el de los negocios. Número para jugar a la loto: 34.

— *Vender:* le espera un amor ardiente que le llevará hasta el séptimo cielo. Número para jugar a la loto: 6.
— *Ver:* debe tener paciencia y perseverancia, está a punto de llegarle mucho dinero. Número para jugar a la loto: 48.

Fortuna: La diosa Fortuna, de la que se cuenta que es más propicia para las mujeres que para los hombres, se tiene en gran consideración desde tiempos inmemoriales. En general está representada gráficamente con una rueda para simbolizar la inconstancia y el poder que tiene sobre el mundo y con una cornucopia que encierra simbólicamente los dones que la diosa distribuirá a los mortales. Soñar con ella es un presagio de entre los más favorables y anuncia victorias en el juego, novedades en el campo amoroso y óptimos negocios. Número para jugar a la loto: 31.

Fotografiar: Representa la habilidad, la curiosidad y las incógnitas. Número para jugar a la loto: 7.
— *Animales:* muy pronto se verán justamente reconocidos sus méritos y recibirá la recompensa correcta. Número para jugar a la loto: 10.
— *Paisajes:* vivirá experiencias muy interesantes durante un viaje. Número para jugar a la loto: 3.
— *Personas:* a partir de ahora no habrá nada que no consiga llevar a término. Número para jugar a la loto: 3.

Frac: es sinónimo de autoridad, de éxito y de amistades de alto rango. Número para jugar a la loto: 17.
— *Colocarse uno:* sus aspiraciones, incluso las que le parecían irrealizables, se cumplirán. Número para jugar a la loto: 8.
— *Comprar uno:* encontrará la fuerza de decisión que necesite y alcanzará los objetivos que se había prefijado. Número para jugar a la loto: 46.
— *Ver uno:* los estudios e investigaciones que ha llevado a cabo durante tiempo se verán seguramente coronados con el éxito. Número para jugar a la loto: 31.

Frambuesas: Representan el erotismo y la fecundidad. Gozará de un amor apasionado. Número para jugar a la loto: 41.

Fresas: Representan las amistades sinceras, la bondad de ánimo y las relaciones duraderas. Número para jugar a la loto: 35.
— *Comer:* encontrará en poco tiempo un amor sincero y apasionado. Número para jugar a la loto: 11.

Fuego: Es sinónimo de amor, de pasión, de energía, de sabiduría y de sinceridad. Número para jugar a la loto: 23.
— *Encenderlo:* encontrará la felicidad absoluta en una nueva relación amorosa. Número para jugar a la loto: 13.
— *Intenso, claro, sin humo:* su salud no correrá ningún peligro y sus negocios prosperarán. Número para jugar a la loto: 7.

Funda: Representa la tranquilidad, las ideas ingeniosas y los buenos propósitos. Número para jugar a la loto: 15.
— *Doblar una:* realizará sus deseos. Número para jugar a la loto: 34.
— *Lavar una:* alguien que le aprecia le ayudará. Número para jugar a la loto: 27.

Fundir: Representa la firmeza de ideales, la ambición y la sinceridad. Número para jugar a la loto: 30.
— *Hierro:* superará de forma brillante todos los obstáculos. Número para jugar a la loto: 7.
— *Oro:* todos los caminos están abiertos, ahora le toca a usted escoger. Número para jugar a la loto: 45.
— *Plata:* una mujer le ayudará a resolver un problema que ha quedado en el aire. Número para jugar a la loto: 47.

Fútbol: Representa la despreocupación, la alegría y las buenas ganancias. Número para jugar a la loto: 23.
— *Jugar:* vencerá en un negocio bastante difícil. Número para jugar a la loto: 43

G

Gaita: Simboliza la alegría, las buenas noticias y la caridad. Número para jugar a la loto: 27.
— *Oír una:* la diosa Fortuna le procurará agradables novedades. Número para jugar a la loto: 47.
— *Tocar una:* está a punto de llegar para usted un periodo de intensa felicidad. Número para jugar a la loto: 6.
— *Ver una:* le espera un periodo muy favorable para las relaciones amorosas. Número para jugar a la loto: 41.

Galletas: Simbolizan la alegría, el placer por las golosinas y la esperanza. Número para jugar a la loto: 33.
— *Cocer:* no debe tener miedo, reencontrará sin duda alguna aquello que tanto apreciaba y que creía haber perdido para siempre. Número para jugar a la loto: 10.
— *Comer:* recibirá seguramente esas noticias que esperaba y que le permitirán programar de forma conveniente su futuro. Número para jugar a la loto: 9.

Gallina: Representa la dedicación, la fecundidad y el bienestar. Número para jugar a la loto: 23.
— *Blanca:* todos sus amigos son sinceros y le serán de gran ayuda. Número para jugar a la loto: 34.
— *Que incuba:* ha llegado el momento propicio para incorporar innovaciones en sus actividades. Número para jugar a la loto: 9.

— *Roja:* su profesión sufrirá ampliaciones y novedades productivas. Número para jugar a la loto: 39.

Gallo: Es sinónimo de coraje, de potencia sexual, de atrevimiento y de bondad. Número para jugar a la loto: 14.
— *Que busca:* su casa y su familia estarán durante mucho tiempo protegidas ante cualquier acontecimiento negativo. Número para jugar a la loto: 41.
— *Que canta:* en su trabajo y en sus negocios recibirá la ayuda de alguien inesperado. Número para jugar a la loto: 43.
— *Degollar uno:* la salud es la soberana para usted y para sus familiares. Número para jugar a la loto: 44.

Galopar: Simboliza el atrevimiento, la libertad y la sexualidad. Soñar en cumplir esta acción es un excelente auspicio porque significa que conseguirá alcanzar en poco tiempo todos los objetivos que se había propuesto. Número para jugar a la loto: 26.

Gamo: Representa la libertad, la ambición y el coraje. Número para jugar a la loto: 14.
— *Capturar uno:* le llevará seguramente a la victoria sobre todos sus enemigos. Número para jugar a la loto: 48.
— *Ver uno:* descubrirá un secreto que le hará perseguir óptimas ventajas económicas. Número para jugar a la loto: 28.

Gancho: Representa la posesión, la alegría y las conquistas. Número para jugar a la loto: 26.
— *Comprar uno:* obtendrá sin duda aquello por lo que tanto ha trabajado. Número para jugar a la loto: 10.
— *Utilizar uno:* presagio realmente favorable por todo lo que se refiere a los afectos. Número para jugar a la loto: 12.
— *Ver uno:* le ofrecerán alternativas de estudio ventajosas, tiene que aceptarlas sin tardanza porque no se repetirán más. Número para jugar a la loto: 40.

Gardenia: Esta flor simboliza la pasión, el amor arrebatador y las uniones indestructibles. Soñar con ella es de buen augurio para los amantes porque significa que conseguirán superar las dificultades que tendrán que afrontar y que la relación durará durante toda la vida. Número para jugar a la loto: 37.

Gasa: Simboliza las ayudas tanto materiales como espirituales, la condescendencia y la capacidad de discernimiento. Número para jugar a la loto: 17.
— *Comprar:* conseguirá ayudar de forma realmente positiva a esa persona que tanto aprecia. Número para jugar a la loto: 46.
— *Utilizar:* ha encontrado la solución perfecta para reequilibrar una relación que se estaba desgastando por culpa de otras personas. Número para jugar a la loto: 12.
— *Ver:* recibirá una invitación que se revelará muy afortunada para usted. Número para jugar a la loto: 31.

Gavilla: Es sinónimo de espiritualidad, de purificación y de evolución. Número para jugar a la loto: 22.
— *Preparar una:* una mujer le será de gran ayuda para la resolución de uno de sus problemas. Número para jugar a la loto: 6.
— *Ver una:* muy pronto obtendrá beneficios elevados. Número para jugar a la loto: 36.

Geisha: Representa la obediencia, la feminidad, la dedicación y el amor. Número para jugar a la loto: 38.
— *Encontrar una:* su deseo de afecto encontrará la correspondencia justa con una persona verdaderamente válida. Número para jugar a la loto: 8.
— *Ser una:* no debe luchar con sus deseos; piense que la persona amada le quiere con pasión y es sincera. Número para jugar a la loto: 13.
— *Ver una:* su dulzura ha abierto una grieta en el corazón de la persona que le interesa. Número para jugar a la loto: 6.

Gemas: Simbolizan las acciones afortunadas, el éxito y la gloria. Número para jugar a la loto: 23.
- *Comprar:* sus dudas resultarán infundadas. En poco tiempo conseguirá hacerse valer con mucha habilidad. Número para jugar a la loto: 7.
- *Encontrar:* la fortuna es su amiga y le aportará muchas novedades agradables. Número para jugar a la loto: 11.
- *Ver:* ganará en el juego y recuperará una cosa que apreciaba mucho y que había perdido. Número para jugar a la loto: 37.

General: Es sinónimo de poder, de fuerza y de decisiones felices. Número para jugar a la loto: 29.
- *Encontrar a uno:* consolidará sus relaciones con el trabajo y esto le aportará grandes ventajas. Número para jugar a la loto: 8.
- *Ser uno:* el éxito se encuentra en sus manos, ha alcanzado todo lo que deseaba. Número para jugar a la loto: 49.
- *Ver a uno:* sus propuestas serán seguramente aceptadas y parecerán geniales. Número para jugar a la loto: 43.

Gigante: Representa la fuerza, la ambición y la temeridad. Número para jugar a la loto: 41.
- *Encontrar a uno:* conseguirá consolidar sus uniones tanto por lo que se refiere a la amistad como al amor. Número para jugar a la loto: 11.
- *Ser uno:* se verá favorecido por una considerable fuerza que hará que sus superiores se fijen en usted. Número para jugar a la loto: 7.
- *Ver a uno:* se sentirá muy estimulado y conseguirá dar lo mejor de sí mismo. Número para jugar a la loto: 10.

Glicina: Se trata de la planta dedicada a los negocios y a las expectativas. Soñar con ella constituye un buen presagio porque hace prever que todas sus iniciativas obtendrán el éxito seguro. Número para jugar a la loto: 42.

Golondrina: Representa los amores correspondidos. Se cuenta que si una joven soltera ve volar en el cielo la primera golondrina de la primavera se casará dentro del año. Número para jugar a la loto: 43.
— *Alimentar una:* encontrará un amor sincero y duradero en una persona madura. Número para jugar a la loto: 9.
— *En el nido:* encontrará de forma inesperada a una persona que apreciaba mucho. Número para jugar a la loto: 9.
— *Ver una:* puede confiar en la dedicación completa por parte de la pareja. Número para jugar a la loto: 12.
— *Que vuela:* recibirá una llamada de teléfono que le colmará de felicidad. Número para jugar a la loto: 11.

Goma elástica: Representa la ductilidad, la buena voluntad y las resoluciones imprevistas. Número para jugar a la loto: 6.
— *Comprar una:* tendrá unas felices intuiciones que le permitirán alcanzar la meta anhelada. Número para jugar a la loto: 8.
— *Utilizar una:* se sentirá atraído por situaciones inusitadas, no debe sentir temor y atreverse. Número para jugar a la loto: 10.
— *Ver una:* reencontrará la felicidad gracias a un inesperado golpe de fortuna. Número para jugar a la loto: 11.

Góndola: Representa el romanticismo, la ternura y los sentimientos leales y sinceros. Número para jugar a la loto: 24.
— *Pilotar una:* entablará contactos profesionales y amistades que le serán muy útiles. Número para jugar a la loto: 6.
— *Pintar una:* conseguirá disfrutar plenamente de las alegrías amorosas y sexuales. Número para jugar a la loto: 13.
— *Ver una:* ya nada se opone a un buen entendimiento entre usted y su pareja. Número para jugar a la loto: 38.

Granada: Representa la fecundidad, la alegría y la abundancia. Número para jugar a la loto: 24.
— *Comer una:* sabrá coger al vuelo la ocasión justa para abrirse camino en la vida. Número para jugar a la loto: 45.

— *Ver una:* tendrá en su familia una felicidad completa. Además, en el caso de que quien sueñe con ella sea una mujer, es probable que sea madre. Número para jugar a la loto: 38.

Granate: Simboliza la fidelidad y por esta razón antiguamente se colocaba sobre los anillos de compromiso; además, estaba considerado como un remedio eficaz para todas las formas inflamatorias y para ayudar a las parteras en los partos difíciles. Soñar con esta piedra de bello color rojo intenso es un magnífico presagio porque indica que las personas que le rodean son sinceras y que sus proyectos se verán favorecidos sin sufrir retrasos. Número para jugar a la loto: 27.

Granero: Personifica la prosperidad, el sentido del deber y la fortuna personal. Número para jugar a la loto: 34.
— *Construir uno:* se verá favorecido por la fortuna en la búsqueda de un empleo que congenia con usted. Número para jugar a la loto: 13.
— *Utilizar uno:* la suerte le reserva muchos favores, gozará de nuevos ingresos a través de las especulaciones. Número para jugar a la loto: 1.
— *Ver uno:* aumentará sus ahorros gracias precisamente a un golpe de fortuna. Número para jugar a la loto: 48.

Grano: Representa la riqueza, la abundancia y las empresas afortunadas. Número para jugar a la loto: 22.
— *Recoger:* está a punto de llegar para usted una fabulosa herencia de manera inesperada gracias a un familiar lejano. Número para jugar a la loto: 13.
— *Sembrar:* la diosa Fortuna favorecerá sus iniciativas de estudio e investigación. Número para jugar a la loto: 9.
— *Ver:* conseguirá tomar la decisión correcta sin demasiada dificultad y todo irá de la mejor forma posible. Número para jugar a la loto: 36.

Grieta: Representa los entretenimientos, la benevolencia y la felicidad. Número para jugar a la loto: 38.
- *Cerrar una:* conseguirá poner en marcha su actividad de la mejor forma posible y alcanzará mejoras económicas considerables. Número para jugar a la loto: 14.
- *Ver una:* se le presentará un momento decisivo para su porvenir, tiene que actuar con prontitud. Número para jugar a la loto: 7.

Grillo: Representa la sabiduría, la libertad y la confianza. Número para jugar a la loto: 29.
- *Capturar uno:* debe aprovechar todas las ocasiones que se le presentarán porque en ellas encontrará la solución a un problema importante. Número para jugar a la loto: 9.
- *Hablar con uno:* debe aceptar todos los consejos que recibirá porque seguramente le darán beneficios. Número para jugar a la loto: 49.
- *Ver uno:* le esperan grandes novedades en el campo afectivo que le provocarán cambios radicales en su vida. Número para jugar a la loto: 43.

Grosella: Simboliza la sensualidad y los amores duraderos. Soñar con ella es siempre un presagio muy afortunado para los enamorados porque significa que vivirán un amor muy bello y también para los comerciantes, que tendrán considerables mejoras económicas. Número para jugar a la loto: 34.

Grulla: Representa la salud y una larga vida. Número para jugar a la loto: 18.
- *Cabalgar sobre una:* aunque ha aceptado en el ámbito de su trabajo una situación un poco extraña, esta se resolverá con beneficios para usted. Número para jugar a la loto: 41.
- *Ver una:* está atravesando un momento verdaderamente positivo por lo que se refiere a la salud. Número para jugar a la loto: 32.

Guardia: Simboliza el deber, la comprensión y la seguridad. Número para jugar a la loto: 30.
- *Encontrar uno:* no debe aplazar un encuentro que le parece aburrido porque resultará muy importante para su futuro. Número para jugar a la loto: 9.
- *Hablar a uno:* algunas de sus actividades precisan un incremento, debe pensar que ahora es el momento más oportuno. Número para jugar a la loto: 5.
- *Ver a uno:* sus asuntos del corazón sufrirán un cambio decisivo. Número para jugar a la loto: 44.

Guardia civil: Personifica la honestidad, la seguridad y la protección. Número para jugar a la loto: 9.
- *Ser uno:* en breve tiempo tendrá ocasiones válidas para demostrar sus dotes de mando y su habilidad. Número para jugar a la loto: 11.
- *Ver uno:* deje de lado los temores infundados. Todo se está resolviendo de la mejor forma posible. Número para jugar a la loto: 14.

Guardián: Simboliza el sentido del deber, el mando, las ayudas y la fuerza de voluntad. Número para jugar a la loto: 33.
- *Acompañar a uno:* es un presagio de una próxima mejora económica. Número para jugar a la loto: 8.
- *Encontrar uno:* las iniciativas que tomará después de haber tenido este sueño resultarán ser las más afortunadas. Número para jugar a la loto: 12.
- *Hablar con uno:* recibirá la confirmación para un lugar de mando. Número para jugar a la loto: 8.
- *Ser uno:* en su escalada hacia el éxito, usted conseguirá eliminar todos los obstáculos y todos los adversarios. Número para jugar a la loto: 8.
- *Ver a uno:* se ha merecido realmente el bienestar y la prosperidad. Número para jugar a la loto: 47.

Guía: Es sinónimo de claridad, de agilidad mental y de resultados positivos. Número para jugar a la loto: 18.
— *Ser uno:* las ideas y las iniciativas que ha propuesto se aceptarán seguramente con entusiasmo. Número para jugar a la loto: 38.
— *Ver a uno:* alcanzará la fama y el éxito aprovechando con habilidad un apoyo influyente. Número para jugar a la loto: 32.

Guillotina: Representa el éxito en sus intentos, la lealtad y el respeto. Número para jugar a la loto: 45.
— *Utilizar una:* a veces los cortes netos son el preludio para una mejora de determinadas situaciones; no debe demorarse. Número para jugar a la loto: 13.
— *Ver una:* alcanzará la posición que desea. Número para jugar a la loto: 14.

Guirnalda: Simboliza la alegría del corazón, los encuentros afortunados y las buenas noticias. Número para jugar a la loto: 34.
— *De flores:* una comunicación inesperada abrirá nuevas perspectivas para su relación amorosa. Número para jugar a la loto: 11.
— *De hojas:* alcanzará sin demasiado cansancio el éxito y la opulencia. Número para jugar a la loto: 14.
— *De palmas:* encontrará de forma inesperada la riqueza y el éxito. Número para jugar a la loto: 7.
— *Trenzar una:* después de algunas pequeñas dificultades, fácilmente superables, alcanzará lo que más le interesa tanto en el trabajo como en el amor. Número para jugar a la loto: 12.

Gusano de seda: Representa la tenacidad, la buena voluntad y el éxito. Número para jugar a la loto: 6.
— *Cultivar uno:* su trabajo marchará viento en popa; próximamente obtendrá grandes ganancias. Número para jugar a la loto: 12.
— *Ver uno:* todas esas dificultades que veía como obstáculos para la realización de sus deseos se verán desplazados por un fabuloso golpe de suerte. Número para jugar a la loto: 11.

H

Hábito: Indica las aspiraciones reales del soñador, su forma de ser y su forma de afrontar la vida y la realidad. Número para jugar a la loto: 33.
— *Blanco (para un hombre):* ganará próximamente en un juego. Número para jugar a la loto: 12.
— *Blanco (para una mujer):* sus deseos amorosos se verán cumplidos muy pronto. Número para jugar a la loto: 13.
— *Monacal:* conseguirá ganar a todos sus enemigos. Número para jugar a la loto: 48.
— *Nuevo (para un hombre):* gracias a un acontecimiento imprevisto, alcanzará una posición envidiable en su trabajo. Número para jugar a la loto: 13.
— *Nuevo (para una mujer):* acabarán muy pronto y definitivamente todas las adversidades. Número para jugar a la loto: 14.

Hablar: Representa las relaciones, los contratos y las entradas ventajosas. Número para jugar a la loto: 20.
— *Con amigos:* todos están a punto para ayudarle, ahora sólo usted debe tomar la decisión justa. Número para jugar a la loto: 6.
— *Con los hijos:* no puede rendirse ahora; está escrito que conseguirá superar los obstáculos alcanzando felizmente los objetivos prefijados. Número para jugar a la loto: 8.
— *Con parientes:* estrechará una alianza ventajosa. Número para jugar a la loto: 9.

— *Con personas desconocidas:* se le presentará la posibilidad de frecuentar ambientes distintos donde realizará encuentros prometedores para su carrera. Número para jugar a la loto: 9.

Hacer de vientre: Es uno de los sueños más afortunados que anuncia innumerables éxitos tanto en el amor como en el trabajo y acontecimientos inesperados y afortunados. Número para jugar a la loto: 10.

Hacha: Representa potencia, éxito y poder. Número para jugar a la loto: 21.
— *Comprarla:* obtendrá una fortuna inesperada gracias a conocidos importantes. Número para jugar a la loto: 5.
— *Verla:* posiblemente consiga un gran premio en el juego. Número para jugar a la loto: 35.

Halcón: Simboliza la audacia, la fuerza, la agresividad y el coraje. Número para jugar a la loto: 20.
— *Amaestrar a uno:* conseguirá afrontar su situación con un real oportunismo y seguramente ganará. Número para jugar a la loto: 7.
— *Capturar uno:* conseguirá recuperar lo que había perdido gracias a un golpe de fortuna. Número para jugar a la loto: 9.
— *Ver a uno:* no tiene nada que temer, lo que tanto desea se cumplirá muy pronto. Número para jugar a la loto: 34.

Harina: Es sinónimo de ahorro, de perseverancia y de tozudez. Número para jugar a la loto: 29.
— *Cocinar con ella:* alcanzará la tranquilidad económica gracias a su perseverancia y laboriosidad. Número para jugar a la loto: 6.
— *Comprar:* verá cómo sus proyectos se realizarán de forma inmediata. Número para jugar a la loto: 13.
— *Ver:* vivirá un amor muy feliz y duradero. Número para jugar a la loto: 43.

Haya: Este árbol es muy favorable para los amantes en cuanto representa la resistencia de los sentimientos en el tiempo. Soñar con él constituye un excelente presagio porque favorece las uniones y garantiza un amor sincero y duradero. Número para jugar a la loto: 16.

Haz: Indica las uniones, la fuerza y el poder. Número para jugar a la loto: 12.
— *De flores:* le esperan veladas muy alegres, será admirado y cortejado. Número para jugar a la loto: 43.
— *De hierba:* le espera un futuro de gran prosperidad económica. Número para jugar a la loto: 44.
— *Lictor:* encontrará la solución perfecta a los problemas referentes a la casa y a la familia. Número para jugar a la loto: 13.

Hechizo: Representa el supremo, la superioridad, los deseos realizables y la voluntad de amar. Número para jugar a la loto: 40.
— *Pedir uno:* ha demostrado astucia y previsión, ahora su pareja ya no puede negarle nada. Número para jugar a la loto: 7.
— *Realizar uno:* encontrará una nueva persona que consolará su dolor y le amará con locura. Número para jugar a la loto: 11.
— *Ver realizar uno:* encontrará la forma de hacer que le paguen por una pequeña injusticia sufrida. Número para jugar a la loto: 16.

Helecho: Esta planta está considerada desde hace milenios como un potente amuleto capaz de dar riqueza e invisibilidad a su poseedor. Soñar con ella es de buen auspicio porque anuncia con antelación un aumento de sus ingresos y la resolución de algunos problemas de naturaleza económica. Número para jugar a la loto: 34.

Helicóptero: Representa la libertad, el coraje, la fuerza de ánimo y la progresión. Número para jugar a la loto: 6.
— *Construir uno:* conseguirá concluir un negocio que resultará muy importante para su futura carrera. Número para jugar a la loto: 3.

— *Pilotar uno:* conseguirá obtener fortuna en todos los campos. Número para jugar a la loto: 15.
— *Ver uno:* conseguirá resolver de forma brillante una situación que podría acabar siendo muy peligrosa. Número para jugar a la loto: 11.

Hematites: Desde tiempos inmemoriales esta piedra se consideraba que era benéfica. Se le atribuía el poder de curar el hígado y de convertir en una persona justa y buena a quien la poseía; además era un potente talismán para las parturientas porque aliviaba los dolores del parto y preservaba de los nacimientos prematuros. Es de buen auspicio para todos los asuntos del corazón y para la buena marcha familiar. Número para jugar a la loto: 11.

Heno: Representa la fortuna, la esperanza y la serenidad. Número para jugar a la loto: 20.
— *Recoger:* la diosa Fortuna está de su parte y le ayudará a alcanzar todo lo que desea desde hace tiempo. Número para jugar a la loto: 13.
— *Transportar:* las iniciativas que ha puesto en marcha le proporcionarán sin duda mejoras considerables. Número para jugar a la loto: 9.

Herborista: Es sinónimo de búsqueda, de bienestar, de condescendencia y de humildad. Número para jugar a la loto: 6.
— *Hablar con uno:* su salud no corre ningún peligro, así que no debe angustiarse por malestares pasajeros. Número para jugar a la loto: 8.
— *Ser uno:* le sonríe lo mejor de la vida, ahora puede esperar alcanzar aquello que hasta hace poco le parecía inalcanzable. Número para jugar a la loto: 8.
— *Ver uno:* si está buscando un nuevo alojamiento conseguirá encontrarlo sin duda alguna en poco tiempo. Número para jugar a la loto: 11.

Herrero: Simboliza la fuerza, el ardor y el discernimiento en las cuestiones más importantes. Número para jugar a la loto: 43.
— *Encontrar uno:* una decisión tomada más por un impulso que por razonamiento se demostrará igualmente feliz. Número para jugar a la loto: 13.
— *Ser uno:* tiene todas las cartas en regla para merecerse el éxito que no tardará en llegar. Número para jugar a la loto: 9.
— *Ver uno:* ha sabido hacer que sus capacidades organizativas den el máximo de sus posibilidades, ahora sólo le queda recoger lo que había sembrado. Número para jugar a la loto: 12.

Hervir: Representa la fuerza de ánimo, la temeridad y la generosidad. Número para jugar a la loto: 38.
— *Caldo:* seguramente acabará sus estudios con éxito. Número para jugar a al loto: 6.
— *Vino:* tendrá seguramente una rápida recuperación de salud. Número para jugar a la loto: 11.

Hiedra: Representa la fidelidad y la persistencia de afectos sinceros y duraderos. Número para jugar a la loto: 34.
— *Cultivar:* ha conseguido que la persona amada se interese por usted, de ahora en adelante todo irá mejor. Número para jugar a la loto: 13.
— *Recoger:* la persona amada ha entendido que sus intenciones son honestas y sinceras y le secundará. Número para jugar a la loto: 9.
— *Ver:* llegará al fondo de la verdad y descubrirá de esta forma que sus sentimientos son sobradamente correspondidos. Número para jugar a la loto: 48.

Hierba: Representa la vida, la esperanza, la comprensión y el renacimiento. Número para jugar a la loto: 32.
— *Cortarla:* está a punto de llegarle la felicidad, no debe dejarla escapar. Número para jugar a la loto: 9.

— *Transportarla:* vivirá momentos muy tiernos con la persona amada. Número para jugar a la loto: 12.
— *Venderla:* un acontecimiento extraño e inesperado traerá a su casa la felicidad y el bienestar. Número para jugar a la loto: 13.

Hierro: Representa la seguridad, la fortuna, la fuerza intelectual y la habilidad. Número para jugar a la loto: 40.
— *Del caballo:* está a punto de llegarle una gran fortuna; triunfará en el juego. Número para jugar a la loto: 8.
— *Metal:* conseguirá forjar su destino de la forma que desea. Número para jugar a la loto: 40.

Hilar: Simboliza la paciencia, la tenacidad y la constancia. Número para jugar a la loto: 26.
— *Cáñamo:* le esperan riqueza y abundancia. Número para jugar a la loto: 42.
— *Lana:* una persona amiga le ayudará asegurándole un porvenir sereno. Número para jugar a la loto: 32.
— *Lino:* conseguirá concluir negocios muy rentables. Número para jugar a la loto: 43.
— *Seda:* un acontecimiento inusual cambiará completa y favorablemente sus proyectos y su vida. Número para jugar a la loto: 44.

Hilo: Simboliza los obstáculos, las uniones y las pruebas para superar. Número para jugar a la loto: 22.
— *Comprar:* ha encontrado la forma justa de conquistar la confianza de sus superiores. Número para jugar a la loto: 6.
— *Devanar:* encontrará las soluciones más adecuadas para resolver los problemas y las dudas que tiene. Número para jugar a la loto: 45.
— *Utilizar:* saldrá con un poco de fortuna y sin demasiadas dificultades de una situación escabrosa. Número para jugar a la loto: 8.

Hinojo: Los cíngaros consideran a esta planta como un gran talismán tanto para los asuntos del corazón como para los negocios; además, con su influencia se pueden curar muchas enfermedades. Soñar con ella anuncia de antemano grandes alegrías y la rápida curación de los trastornos que apenan al soñador. Número para jugar a la loto: 32.

Hipnotizar: Representa la fuerza de voluntad, el poder y la superioridad. Número para jugar a la loto: 13.
— *A animales:* la fortuna vendrá en su ayuda permitiéndole superar algunos riesgos que ha corrido por negligencia. Número para jugar a la loto: 16.
— *A personas conocidas:* conseguirá alcanzar una posición financiera muy estable. Número para jugar a la loto: 12.
— *A personas desconocidas:* empezará una nueva actividad que se revelará entre las más afortunadas. Número para jugar a la loto: 11.

Hoguera: Véase *Fuego*.

Horno: Simboliza la comodidad, la alegría y las buenas ganancias. Número para jugar a la loto: 26.
— *Encender uno:* un acontecimiento imprevisto provocará un cambio importante en su hogar. Número para jugar a la loto: 7.
— *Utilizar uno:* conseguirá alcanzar sin demasiados problemas la fama y el éxito. Número para jugar a la loto: 12.
— *Ver uno:* superará tranquilamente todas las complicaciones que haya podido tener en los últimos tiempos. Número para jugar a la loto: 40.

Horóscopo: Véase *Adivinación*.

Hucha: Representa, la tranquilidad económica y la espera. Número para jugar a la loto: 21.
— *Comprar una:* es el momento de actuar con cautela, sólo de esta forma conseguirá aprovecharse de un verdadero golpe de fortuna. Número para jugar a la loto: 5.

— *Llenar una:* todo lo que desea se cumplirá rápidamente. Número para jugar a la loto: 39.
— *Ver una:* tiene que actuar con discernimiento. La diosa Fortuna le protegerá durante mucho tiempo. Número para jugar a la loto: 35.

Huerto: Representa la dedicación, la constancia, la superación de las dificultades y la laboriosidad. Número para jugar a la loto: 34.
— *Cavar uno:* encontrará un tesoro. Número para jugar a la loto: 48.
— *Cultivar uno:* su ingenio y la ayuda de la diosa Fortuna le permitirán conducir negocios rentables. Número para jugar a la loto: 13.
— *Ver uno:* alcanzará la tranquilidad tanto para su casa como económicamente. Número para jugar a la loto: 48.

Huevos: Representan la vida, las sorpresas, el reposo y la dualidad. Número para jugar a la loto: 28.
— *Cocer:* tiene que prepararse porque están a punto de llegar novedades que precisan una decisión rápida. Número para jugar a la loto: 5.
— *Comer:* su existencia se verá alegrada por nuevos acontecimientos positivos. Número para jugar a la loto: 49.
— *Comprar:* conseguirá desdramatizar algunos acontecimientos negativos. Número para jugar a la loto: 12.
— *Romper:* conseguirá salvar milagrosamente su situación económica. Número para jugar a la loto: 13.

Húsar: Simboliza el valor, la protección, el éxito y la extravagancia. Número para jugar a la loto: 25.
— *Ser uno:* sus sueños, incluso los más fantásticos, se verán atendidos por una suerte benigna. Número para jugar a la loto: 45.
— *Ver uno:* le esperan acontecimientos positivos que traerán la serenidad a su casa. Número para jugar a la loto: 39.

I

Ibis: Representa la sinceridad, la evolución y la resurrección. Número para jugar a la loto: 28.
— *Darle de comer:* es el momento propicio acometer una nueva empresa. Número para jugar a la loto: 10.
— *Ver uno:* el momento que está atravesando no es más que el preludio de futuras evoluciones; la victoria está muy cerca. Número para jugar a la loto: 42.

Iglesia: Representa la paz, la tranquilidad y el final de todas las angustias. Número para jugar a la loto: 40.
— *Ver una:* en poco tiempo encontrará una solución válida a sus problemas. Número para jugar a la loto: 9.
— *Visitar una:* obtendrá de forma inesperada riqueza y ventajas. Número para jugar a la loto: 13.

Iluminar: Simboliza la dedicación, la comodidad y la constancia. Número para jugar a la loto: 33.
— *Con antorchas:* conseguirá mantener un entendimiento perfecto con la persona amada. Número para jugar a la loto: 14.
— *Con bombillas:* el futuro le está reservando una feliz suerte. Número para jugar a la loto: 9.
— *Con velas:* es el momento más propicio para decidir la compra o rehabilitación de una casa porque hará un gran negocio. Número para jugar a la loto: 5.

Imán: Desde tiempos inmemoriales este material se consideraba un potente talismán capaz de hacer indisolubles las uniones y de calmar a los litigantes. Soñar con él está considerado un excelente auspicio tanto para los negocios como para los asuntos del corazón. Número para jugar a la loto: 15.

Imitar: Es sinónimo de fantasía, de ingenuidad y de buen corazón. Número para jugar a la loto: 37.
— *A amigos:* aunque en estos momentos su trabajo es muy comprometedor y estresante conseguirá alcanzar el éxito. Número para jugar a la loto: 14.
— *A animales:* conseguirá entender en todos sus más mínimos detalles un problema y lo resolverá con pingües beneficios. Número para jugar a la loto: 13.
— *A personas desconocidas:* encontrará a todo el mundo muy dispuesto a acoger sus ideas; de esta forma tendrá la posibilidad de alcanzar esa promoción que desea desde hace tiempo. Número para jugar a la loto: 8.

Impermeable: Es sinónimo de apoyo, de tutela y de protección. Número para jugar a la loto: 44.
— *Colocarse uno:* al volver de un viaje encontrará cambios en el trabajo que se perfilarán muy favorables para usted. Número para jugar a la loto: 8.
— *Comprar uno:* un amigo le ayudará y le hará encontrar el entusiasmo y las ganas de vivir. Número para jugar a la loto: 10.
— *Ver uno:* todas las dificultades que le angustian se resolverán en poco tiempo por sí solas, sin ninguna ayuda externa. Número para jugar a la loto: 13.

Incendio: Véase *Fuego*.

Inventar: Representa el ingenio, la temeridad y los azares ventajosos. Número para jugar a la loto: 38.

— *Objetos:* tendrá grandes oportunidades para viajes y cambios favorables. Número para jugar a la loto: 11.
— *Proyectos:* conseguirá invertir su dinero de forma oportuna y que le dé muchos frutos. Número para jugar a la loto: 17.
— *Sistemas:* será muy afortunado en todos los campos. Número para jugar a la loto: 16.

Invitar: Simboliza la amabilidad, el deseo de relaciones sociales elevadas y la búsqueda de mejoras. Número para jugar a la loto: 40.
— *A los amigos:* sus amistades son de confianza y le ayudarán para progresar en su carrera. Número para jugar a la loto: 8.
— *A los parientes:* el destino le es favorable y le permitirá realizar sus proyectos. Número para jugar a la loto: 11.
— *A personas conocidas:* conseguirá hacerse con el poder. Número para jugar a la loto: 3.
— *A personas desconocidas:* se crearán situaciones positivas que le permitirán desarrollar sus actividades. Número para jugar a la loto: 11.

Irrigar: Es sinónimo de generosidad, de constancia y de amabilidad. Número para jugar a la loto: 47.
— *Flores:* la fortuna le favorecerá y le ayudará a aclarar y a darle la vuelta a algunos malentendidos. Número para jugar a la loto: 15.
— *Plantas:* conseguirá acumular muchas satisfacciones de su vida afectiva. Número para jugar a la loto: 12.

Isla: Representa el espíritu de aventura, de evasión y la facultad de adaptación a las distintas situaciones. Número para jugar a la loto: 19.
— *Encontrar una:* todas sus aspiraciones se verán favorecidas por la suerte. Número para jugar a la loto: 7.
— *Estar en una:* conseguirá encontrar una ocupación nueva y satisfactoria. Número para jugar a la loto: 49.
— *Ver una:* muy pronto conseguirá recoger los frutos de su trabajo. Número para jugar a la loto: 33.

J

Jabón: Simboliza la sinceridad, la comprensión y el conocimiento de las propias capacidades. Número para jugar a la loto: 14.
- *Comprar:* conseguirá despejar todas aquellas situaciones ambiguas que hasta ahora le habían amargado. Número para jugar a la loto: 43.
- *Utilizar:* recibirá reconocimientos que le gratificarán por todos los sacrificios que ha soportado hasta ahora. Número para jugar a la loto: 9.
- *Ver:* después de un periodo desafortunado viene la tranquilidad, ahora es su turno para obtener un poco de felicidad. Número para jugar a la loto: 28.

Jacinto: En las antiguas creencias esta planta se indica como portadora de amor y de consolación. Soñar con ella es siempre un bonito presagio porque anuncia el retorno de la persona amada o para las personas que son libres un nuevo encuentro prometedor. Número para jugar a la loto: 33.

Jade: Esta piedra, de un bonito color verde, está considerada como un potente talismán para las enfermedades, sobre todo las renales y digestivas. Soñar con ella proporciona buena fortuna a las personas que sufren cólicos y trastornos gástricos; de todos modos, asegura a todo el mundo una buena salud y una rápida curación de las enfermedades. Número para jugar a la loto: 14.

Jardinero: Representa la paciencia, la serenidad y la armonía. Número para jugar a la loto: 44.
— *Encontrar uno:* alcanzará el justo equilibrio entre sus fantasías y sus deseos. Número para jugar a la loto: 14.
— *Ser uno:* nos esperan grandes ganancias e ingresos inesperados. Número para jugar a la loto:
— *Ver uno:* llegará seguramente a superar cualquier controversia. Número para jugar a la loto: 13.

Jarra: Es sinónimo de dulzura, de vulnerabilidad y de reconciliación. Número para jugar a la loto: 20.
— *Comprar una:* cuidado, no debe descuidar precisamente ahora los proyectos que había iniciado porque seguramente llegarán a buen puerto. Número para jugar a la loto: 49.
— *Llenar una:* todos sus esfuerzos para llegar al corazón de la persona amada se verán puntualmente recompensados. Número para jugar a la loto: 38.

Jarretera: Simboliza las uniones, los encuentros y los amores trabajados. Número para jugar a la loto: 46.
— *Colocarse una:* conseguirá resolver todas las incomprensiones que hacían peligrar su relación. Número para jugar a la loto: 10.
— *Comprar una para un hombre:* sus esperanzas se cumplirán y obtendrá de esta forma lo que más desea. Número para jugar a la loto: 4.
— *Comprar una para una mujer:* la respuesta que está esperando le será favorable. Número para jugar a la loto: 5.
— *Ver una:* a pesar de las dificultades iniciales conseguirá conquistar a la persona querida. Número para jugar a la loto: 6.

Jarrón: Representa los imprevistos, los cambios y las resoluciones afortunadas. Número para jugar a la loto: 26.
— *Comprar uno:* derribará favorablemente para usted una situación que parecía que iba a arrollarle. Número para jugar a la loto: 10.

— *Llenar uno:* encontrará una solución rápida a los problemas que le hacían estar con aprensión. Número para jugar a la loto: 44.
— *Romper uno:* conseguirá liberarse sin daño alguno de una persona que le es desagradable y que intentaba perjudicarle. Número para jugar a la loto: 11.
— *Ver uno:* conseguirá demostrar su inocencia y a desafiar a sus enemigos. Número para jugar a la loto: 40.

Jaspe: En la astrología se atribuye a esta piedra el poder de alejar el mal de ojo y la envidia de los rivales y de favorecer el amor y los encuentros entre los amantes. Soñar con ella es un excelente presagio para todos los asuntos del corazón. Número para jugar a la loto: 23.

Jazmín: Representa la timidez, los sentimientos sinceros y la resolución positiva de los problemas amorosos. Soñar jazmín es un buen augurio presagio para la persona que está enamorada porque significa que muy pronto recibirá una declaración de amor por parte de una persona que hace mucho tiempo que posee sentimientos sinceros pero que no había tenido nunca el coraje de dar un paso al frente. Número para jugar a la loto: 22.

Jefe provincial de la policía: Representa la autoridad, la posición social, la justicia y la imparcialidad. Número para jugar a la loto: 6.
— *Hablar con uno:* realizará concreta y espléndidamente todos sus objetivos. Número para jugar a la loto: 8.
— *Ser uno:* no debe tener miedo, la carga que arrastra desde hace tiempo será finalmente suya. Número para jugar a la loto: 8.
— *Ver a uno:* la suerte le regalará la ocasión oportuna para alcanzar el éxito. Número para jugar a la loto: 11.

Jofaina: Simboliza la seguridad, la maternidad y el optimismo. Número para jugar a la loto: 28.
— *Llenar una:* próximamente le sucederá algo muy favorable para el cumplimiento de sus deseos. Número para jugar a la loto: 46.

— *Tener una:* su pareja volverá con usted más enamorada que nunca. Número para jugar a la loto: 12.
— *Ver una:* una persona fascinante perderá la cabeza por usted completamente. Número para jugar a la loto: 42.

Jorobado: Representa la fortuna en todos los campos, el éxito y los buenos resultados en todas las iniciativas. Soñar con este símbolo onírico es siempre de óptimo augurio porque indica fortuna en el juego y en los asuntos tanto del corazón como del dinero. Número para jugar a la loto: 30.

Joyas: Simbolizan la riqueza, la ambición y el deseo de alcanzar las metas prefijadas. Número para jugar a la loto: 23.
— *Colocarse:* vivirá una situación óptima para definir nuevas asociaciones en el campo del trabajo. Número para jugar a la loto: 14.
— *Comprar:* a veces es necesario incluso tener el coraje de arriesgarse. Su valor será premiado. Número para jugar a la loto: 7.
— *Encontrar:* la diosa Fortuna le dará un considerable olfato para los negocios que conducirá de forma magnífica. Número para jugar a la loto: 11.
— *Ver:* puede pedir un aumento o una gratificación porque el momento es favorable para obtenerlo. Número para jugar a la loto: 37.

Jugo: Véase *Tomate*.

K

Kart: Representa la temeridad, la audacia y la pasión. Número para jugar a la loto: 22.
— *Conducir uno:* conseguirá esclarecer y salir victorioso de una situación enmarañada. Número para jugar a la loto: 11.
— *Tener uno:* estará dotado de un gran atractivo y ello favorecerá sus contactos sociales. Número para jugar a la loto: 6.
— *Ver uno:* se prepara para usted un periodo muy favorable tanto en los negocios como en los viajes de trabajo. Número para jugar a la loto: 36.

L

Laboratorio: Representa la investigación, la inteligencia y la voluntad. Número para jugar a la loto: 49.
— *Estar en uno:* un acontecimiento sorprendente le proporcionará una gran alegría. Número para jugar a la loto: 16.
— *Trabajar en uno:* conseguirá manejarse hábilmente en una situación enredada. Número para jugar a la loto: 9.
— *Ver uno:* todo lo que desea se cumplirá inevitablemente. Número para jugar a la loto: 9.

Ladrar: Es sinónimo de novedades y de buenas noticias. Número para jugar a la loto: 21.
— *Festivo:* muy pronto tendrá satisfacciones en el trabajo, probablemente conseguirá un aumento. Número para jugar a la loto: 6.

Lagartija: En los tiempos antiguos este animal era considerado un amuleto para las personas que sufrían de enfermedades en los ojos y era el símbolo de la sabiduría y del conocimiento. Se narra además que favorecía las maternidades y daba salud y fortuna tanto al recién nacido como a la partera. Soñar con ella constituye en todos los casos un excelente presagio portador de buena salud e ideas brillantes y resolutivas. Número para jugar a la loto: 40.

Lago: Simboliza la vida, la regeneración espiritual y la maternidad. Número para jugar a la loto: 13.

— *Nadar en uno:* están a punto de llegar para usted importantes cambios. Número para jugar a la loto: 29.
— *Navegar en uno:* recibirá una respuesta positiva por ese asunto que tanto le preocupaba. Número para jugar a la loto: 39.
— *Pescar en uno:* sus ingresos aumentarán gracias a victorias en el juego. Número para jugar a la loto: 42.

Lágrimas: Aunque en apariencia puede parecer un símbolo negativo, este es uno de los más afortunados. Ver lágrimas, sean propias o de otras personas, significa que muy pronto acabarán todas las angustias y gozará de alegrías inesperadas. Número para jugar a la loto: 36.

Lámpara: Es sinónimo de esperanza y de eternidad, de sabiduría y de sinceridad. Número para jugar a la loto: 18.
— *Comprar una:* recibirá próximamente un regalo y una gran sorpresa. Número para jugar a la loto: 47.
— *Encender una:* la fortuna es su amiga, ahora puede jugarse el todo por el todo. Número para jugar a la loto: 8.
— *Recuperar una:* se preparan para usted considerables e interesantes cambios. Número para jugar a la loto: 14.
— *Ver una:* sus expectativas están destinadas a verse cumplidas. Número para jugar a la loto: 32.

Lana: Representa la protección, la sabiduría y el discernimiento. Número para jugar a la loto: 6.
— *Comprar:* una causa legal que se prolongaba desde hacía mucho tiempo se resolverá a su favor. Número para jugar a la loto: 35.
— *Utilizar:* alcanzará la armonía y un perfecto entendimiento con sus familiares. Número para jugar a la loto: 46.
— *Ver:* una inesperada fortuna le ayudará a luchar contra acontecimientos negativos. Número para jugar a la loto: 20.

Lanza: Simboliza la intuición, la potencia y la gloria. Número para jugar a la loto: 9.

— *Romper una:* le proporcionarán una solución inesperada para un problema referente a sus negocios. Número para jugar a la loto: 39.
— *Utilizar una:* la suerte está de su lado, ahora ya nada le impide que sus deseos más íntimos se hagan realidad. Número para jugar a la loto: 49.
— *Ver una:* le espera una mejora económica. Número para jugar a la loto: 23.

Lapislázuli: Esta piedra, de un precioso color azul abigarrada de motas doradas, ha sido tenida siempre en mucha consideración por los antiguos ya que le atribuían el poder de preservar de la epilepsia y de los ataques de apoplejía. Además, es capaz de acercar a los amantes y conciliar las amistades. Soñar con ella constituye un bonito presagio porque significa que gozará de óptima salud y que la persona amada volverá con usted. Número para jugar a la loto: 40.

Lápiz: Representa las decisiones, los gastos y los ingresos y las intuiciones. Número para jugar a la loto: 19.
— *Comprar uno:* sus capacidades se verán ampliamente reconocidas y esto será fuente de muchas satisfacciones. Número para jugar a la loto: 48.
— *Encontrar uno:* conseguirá tener la intuición necesaria para escoger las soluciones que le parecerán más justas y que resultarán afortunadas. Número para jugar a la loto: 7.
— *Utilizar uno:* la fortuna se ha acordado de usted y no representará ningún obstáculo para sus iniciativas. Número para jugar a la loto: 14.
— *Ver uno:* tendrá delante de usted perspectivas seguras para llevar a término proyectos importantes. Número para jugar a la loto: 33.

Lasaña: Simboliza el orgullo, la posesión y los imprevistos. Número para jugar a la loto: 17.

— *Comer:* dispone de óptimas perspectivas para poder alcanzar una carga elevada. Número para jugar a la loto: 38.
— *Comprar:* una situación compleja que le había angustiado mucho se verá resuelta gracias a la ayuda de una persona que aprecia mucho. Número para jugar a la loto: 46.
— *Ver:* emprenderá un viaje muy afortunado a un bello lugar donde encontrará una persona digna de amor. Número para jugar a la loto: 31.

Laurel: Esta planta, desde los tiempos antiguos, simboliza la victoria y el éxito. Soñar con ella es un presagio favorable para todos aquellos que en ese momento estén angustiados por algún problema, porque significa que conseguirán encontrar la solución favorable para una buena marcha, tanto para los negocios como para el amor. Número para jugar a la loto: 16.

Lauro: Es sinónimo de prosperidad y de armonía conyugal. Soñar con esta planta es siempre un excelente augurio porque en el campo amoroso anuncia compromisos ventajosos y matrimonios, mientras que en el de los negocios predice novedades muy buenas. Número para jugar a la loto: 14.

Lavanda: Antiguamente se consideraba un potente talismán para los asuntos del corazón y para los matrimonios y se utilizaba como decoración para las coronas y los ramos de las esposas. Soñar con ella aporta felicidad en la casa y fortuna en el amor. Número para jugar a la loto: 13.

Lavar: Representa la regeneración, la pureza de ánimo y el deseo de orden y de tranquilidad. Número para jugar a la loto: 12.
— *Animales:* conseguirá destapar las tramas de la persona que intentaba engañarle. Número para jugar a la loto: 42.
— *Objetos:* la suerte le favorecerá ofreciéndole nuevos contratos ventajosos. Número para jugar a la loto: 48.

— *Uno mismo:* conseguirá alcanzar un cargo de prestigio. Número para jugar a la loto: 14.
— *Vestidos:* tendrá un encuentro muy importante para su futuro durante una reunión mundana. Número para jugar a la loto: 7.

Lavavajillas: Simboliza el futuro, las iniciativas afortunadas y los deberes. Número para jugar a la loto: 32.
— *Comprar uno:* una mujer le dará buenos consejos y le propondrá buenos negocios. Número para jugar a la loto: 7.
— *Utilizar uno:* le ofrecerán un nuevo contrato de trabajo con condiciones muy ventajosas. Número para jugar a la loto: 9.
— *Ver uno:* tiene que aprovechar este momento favorable que le aportará mejoras en el campo económico. Número para jugar a la loto: 46.

Lazo: Representa las relaciones, los afectos sinceros y las uniones felices. Número para jugar a la loto: 9.
— *Anudar uno:* recibirá una respuesta positiva respecto a ese asunto del corazón. Número para jugar a la loto: 27.
— *Comprar uno:* muy pronto conocerá a una persona que le cortejará de forma insistente. Número para jugar a la loto: 38.
— *Utilizar uno:* tendrá un matrimonio feliz en el que el entendimiento será completo. Número para jugar a la loto: 49.
— *Ver uno:* se encontrará con un viejo amor con el que reanudará las relaciones. Número para jugar a la loto: 23.

Leche: Es sinónimo de bondad, honestidad y buena voluntad. Número para jugar a la loto: 22.
— *Beber:* conseguirá conducir su vida a un clima de amistad y armonía. Número para jugar a la loto: 43.
— *Comprar:* gozará de una situación general estable y feliz. Número para jugar a la loto: 6.
— *Ver:* su deseo de sobresalir se verá ampliamente cumplido. Número para jugar a la loto: 36.

Leer: Representa la elocuencia, la fuerza de ánimo y el deseo de mejora. Número para jugar a la loto: 18.
— *Cartas:* la suerte le reserva novedades y cambios muy favorables. Número para jugar a la loto: 47.
— *Libros:* se cumplirá lo que ha emprendido. Número para jugar a la loto: 49.
— *Periódicos:* conseguirá cumplir sus compromisos aunque últimamente se ha dejado vencer por la negligencia. Número para jugar a la loto: 13.
— *Poesías:* con una renovación encontrará la solución a un problema sentimental. Número para jugar a la loto: 13.

Lencería: Representa la seguridad, la voluntad de tener éxito pero también la prevaricación. Número para jugar a la loto: 34.
— *Comprar:* sus negocios se encuentran en un buen punto, debe actuar con astucia y paciencia si no quiere estropearlo todo. Número para jugar a la loto: 9.
— *Doblar:* no debe angustiarse por las complicaciones imprevistas que puedan surgir porque se resolverán a su favor. Número para jugar a la loto: 8.
— *Planchar:* ganará de forma imprevista y se verá acompañado por un largo periodo afortunado. Número para jugar a la loto: 9.

León: Es sinónimo de fuerza, de coraje y de generosidad. Número para jugar a la loto: 13.
— *Adiestrar uno:* la diosa Fortuna le favorecerá en sus iniciativas de estudios y de investigaciones. Número para jugar a la loto: 10.
— *Capturar uno:* conseguirá superar todos aquellos obstáculos que le impedían profundizar una amistad que aprecia mucho. Número para jugar a la loto: 47.
— *Ser uno:* conseguirá aclarar una situación errónea y salir victorioso de ella. Número para jugar a la loto: 33.
— *Ver uno:* se le darán oportunidades que aportarán cambios favorables. Número para jugar a la loto: 27.

Leona: Véase *León*.

Leopardo: Véase *León*.

Libro: Es sinónimo de inteligencia, de voluntad y de consejo. Número para jugar a la loto: 23.
— *Comprar uno:* se le presentará la posibilidad de realizar viajes adquiriendo de esta Forma interesantes experiencias para sus estudios. Número para jugar a la loto: 7.
— *Consultar uno:* superará brillantemente algunos momentos de confusión y hará muy buenos exámenes. Número para jugar a la loto: 6.
— *Escribir uno:* la diosa fortuna protege tanto su trabajo como sus ingresos. Número para jugar a la loto: 10.
— *Traducir uno:* conseguirá mejorar su situación económica y vivir sin problemas. Número para jugar a la loto: 10.

Lima: Representa las decisiones, las afinidades y el deseo de tener éxito. Número para jugar a la loto: 13.
— *Comprar una:* recibirá nuevas proposiciones de trabajo. Número para jugar a la loto: 42.
— *Encontrar una:* la suerte le regalará un periodo lleno de acontecimientos positivos. Número para jugar a la loto: 10.
— *Utilizar una:* próximamente tendrá fortuna, bienestar y nuevos encuentros amorosos. Número para jugar a la loto: 8.

Limosna: Simboliza la caridad, la compasión y las buenas relaciones tanto con uno mismo como con los demás. Número para jugar a la loto: 28.
— *Dar:* tendrá la oportunidad de hacer más sólida su unión sentimental cimentando de esta forma una relación que se revelará entre las más felices. Número para jugar a la loto: 40.
— *Recibir:* se le presentan numerosas ocasiones para hacer nuevos y agradables encuentros. Número para jugar a la loto: 7.

Limpiar: Representa el orden, las buenas intenciones y la voluntad de sobresalir. Número para jugar a la loto: 34.
— *Chucherías:* si actúa con cautela llegará sin duda a la meta que se ha fijado. No debe descuidar ningún detalle. Número para jugar a la loto: 15.
— *Puertas:* debe cultivar amistades influyentes que le podrán ayudar. Número para jugar a la loto: 7.
— *Ventanas:* tiene que abrir su corazón a la esperanza, la persona que le interesa le concederá su corazón. Número para jugar a la loto: 12.

Línea: Soñar que hace línea en el bingo es un presagio de los más anhelados y no raramente verdadero. Debe prestar mucha atención e intentar recordar si en el sueño se han dado números particulares y quién se los ha dado porque podrían ser realmente los afortunados. Si en cambio, ha soñado únicamente que ha ganado, el número que tiene que jugar es el: 9.

Linterna: Véase *Lámpara*.

Lira: Instrumento muy querido por Apolo, en los tiempos de sus antepasados se consideraba un potente amuleto capaz de proporcionar éxito y popularidad. Soñar con ella constituye un buen presagio porque anuncia de forma anticipada que alcanzará todos sus objetivos. Número para jugar a la loto: 18.

Lirio: Los antiguos consideraban esta planta como portadora de paz y de verdad, custodia de la gestación y gobernadora de los sueños premonitorios y verdaderos. Soñar con ella constituye un presagio favorable sobre todo para las parejas que se encuentran próximas a la unión. En el signo debe tener muy en cuenta la situación en la que ve esta flor porque puede tratarse de un mensaje escondido que, sabiamente descifrado, le anunciará acontecimientos afortunados. Número para jugar a la loto: 30.

Lista: Representa el orden, la diligencia y la memoria. Número para jugar a la loto: 28.
— *De cifras:* recibirá novedades y sorpresas positivas para sus actividades. Número para jugar a la loto: 8.
— *De cosas:* tendrá que mostrarse fuerte y decidido porque se prepara para usted una óptima carrera. Número para jugar a la loto: 7.
— *De nombres:* se sentirá movido por una fuerte voluntad de éxito que le permitirá aportar cambios muy favorables en su trabajo. Número para jugar a la loto: 14.

Llama: Véase *Fuego* y *Antorcha*.

Llanura: Representa la facilidad, las ayudas imprevistas y la tranquilidad económica. Número para jugar a la loto: 15.
— *Estar en una:* alcanzará puntualmente las metas que se había fijado. Número para jugar a la loto: 45.
— *Ir a una:* ningún obstáculo trastornará sus proyectos. Número para jugar a la loto: 31.
— *Ver uno:* le espera una vida muy tranquila y serena. Número para jugar a la loto: 29.

Llaves: Representan las uniones, las sociedades y las alianzas ventajosas. Números para jugar a la loto: 10 y 18.
— *Recuperarlas:* las promesas que se le han hecho se verán sin ninguna duda mantenidas. Números para jugar a la loto: 6 y 14.
— *Utilizarlas:* no debe tener miedo, todas las adversidades se acabarán definitivamente. Números para jugar a la loto: 5 y 13.
— *Verlas:* ganará una causa legal gracias a sus amistades. Números para jugar a la loto: 24 y 32.

Lluvia: Es sinónimo de resurrección, renacimiento, triunfo y saneamiento de situaciones intrincadas y desagradables. Número para jugar a la loto: 15.

— *Estrepitosa:* arreglará todos los malentendidos y empezará de nuevo, sobre bases más sólidas, sus relaciones de amistad. Número para jugar a la loto: 13.
— *Primaveral:* encontrará grandes satisfacciones en su trabajo. Número para jugar a la loto: 10.

Lobo: Representa la fuerza, el coraje y el bien que luchan contra el mal y alejan las desventuras. Número para jugar a la loto: 11.
— *Adiestrar uno:* una persona influyente le pedirá que colabore con un proyecto que le proporcionará la ocasión de triunfar. Número para jugar a la loto: 8.
— *Cabalgar sobre uno:* saldrá victorioso en una discusión que ha mantenido con un colega colérico y agresivo. Número para jugar a la loto: 34.
— *Capturar uno:* sus esperanzas sentimentales se realizarán en poco tiempo. Número para jugar a la loto: 45.
— *Encontrar uno:* conseguirá superar felizmente momentos de nerviosismo y volubilidad y conseguirá el éxito. Número para jugar a la loto: 8.
— *Ver uno:* en su profesión están a punto de llegar resoluciones imprevistas e importantes. Número para jugar a la loto: 25.

Loco: Representa la alegría, la fortuna y la extravagancia. Número para jugar a la loto: 12.
— *Encontrar uno:* en los contactos de trabajo se encontrará en una posición de ventaja gracias a su decisión. Número para jugar a la loto: 9.
— *Hablar a uno:* le esperan acontecimientos positivos que le aportarán mucha serenidad. Número para jugar a la loto: 32.
— *Ser uno:* no debe tener miedo, aunque ha utilizado métodos poco ortodoxos, alcanzará en su profesión un éxito fulminante. Número para jugar a la loto: 32.
— *Ver a uno:* la diosa Fortuna será su amiga y le regalará ventajas y privilegios. Número para jugar a la loto: 26.

Locomotora: Representa los viajes, los desplazamientos y las novedades. Número para jugar a la loto: 41.
- *Conducir una:* le propondrán hacer un viaje que le proporcionará considerables mejoras económicas. Número para jugar a la loto: 12.
- *Ir sobre una:* conseguirá afrontar con la ayuda de personas amigas un problema de la mejor forma posible. Número para jugar a la loto: 12.
- *Ver una:* su situación profesional de ahora en adelante discurrirá sobre caminos más favorables. Número para jugar a la loto: 10.

Lotería: Representa el azar, los premios y la fortuna. Número para jugar a la loto: 36.
- *Jugar:* tendrá un golpe de fortuna que le hará recibir muchos regalos costosos. Número para jugar a la loto: 11.
- *Ver un sorteo:* se sentirá muy eufórico porque sus aspiraciones se verán cumplidas. Número para jugar a la loto: 5.

Luna: Simboliza la feminidad, la fecundidad, la sensibilidad y la receptividad. Número para jugar a la loto: 6.
- *Centelleante:* es presagio de maternidad inminente. Número para jugar a la loto: 11.
- *Llena:* próxima alegría por un nuevo amor. Número para jugar a la loto: 17.
- *Nueva:* sin duda alguna, llevará a buen término aquellas decisiones importantes que se había propuesto. Número para jugar a la loto: 18.

Lunar: Se ha tenido siempre muy en cuenta por parte de las artes adivinatorias y se cree que, según el color y su posición en las distintas partes del cuerpo, puede hacer afortunado a su poseedor. Número para jugar a la loto: 13.
- *Tener uno en el brazo o el hombro:* la suerte le ayudará en las empresas difíciles. Número para jugar a la loto: 14.

— *Tener uno en la espalda:* tendrá una felicidad completa en su familia. Número para jugar a la loto: 13.
— *Tener uno en la frente:* la fortuna le acompañará durante mucho tiempo. Número para jugar a la loto: 14.
— *Tener uno en la rodilla:* sus negocios mejorarán considerablemente. Número para jugar a la loto: 15.
— *Ver uno:* un acontecimiento insólito y misterioso le traerá todo aquello que desea desde hace tiempo. Número para jugar a la loto: 27.

Luz: Véase *Lámpara*.

M

Macarrones: Representan la prosperidad, la profusión y la exuberancia. Número para jugar a la loto: 41.
— *Cocinar:* encontrará el camino correcto que debe seguir referente a esa preocupación que le atenaza. Número para jugar a la loto: 9.
— *Comer:* su situación económica estará sujeta a mejoras continuas. Número para jugar a la loto: 8.
— *Comprar:* conseguirá encontrar la ocupación que está buscando. Número para jugar a la loto: 7.
— *Ver:* conocerá a una persona que se mostrará dispuesta a ayudarle a resolver el problema de la persona que aprecia. Número para jugar a la loto: 10.

Madeja: Simboliza la voluntad y la libertad de acción. Número para jugar a la loto: 17.
— *Devanar una:* encontrará la forma conveniente para aumentar sus entradas. Número para jugar a la loto: 40.
— *De hilo:* agradables novedades y diversiones harán que su vida sea mucho más interesante. Número para jugar a la loto: 39.
— *De lana:* algún beneficio inesperado le hará feliz. Número para jugar a la loto: 23.
— *Liar una:* los ingresos que esperaba y que creía que se habían esfumado se resolverán en poco tiempo con éxito. Número para jugar a la loto: 35.

Madera: Representa la protección, el confort y los buenos propósitos. Número para jugar a la loto: 20.
- *Comprar:* conseguirá encontrar el alojamiento y el trabajo que desea. Número para jugar a la loto: 49.
- *Talar:* resolverá a su favor una cuestión referente a una herencia. Número para jugar a la loto: 39.
- *Transportar:* recibirá una gran alegría de la persona que creíamos que le había olvidado. Número para jugar a la loto: 9.
- *Utilizar:* la suerte le reserva más de una gran ocasión para prosperar. Número para jugar a la loto: 6.
- *Ver:* sus relaciones serán sólidas y duraderas. Número para jugar a la loto: 34.

Madre: Es sinónimo de amor, de confidencia, de dulzura y de felicidad. Número para jugar a la loto: 19.
- *Encontrarla:* llevará a término proyectos grandiosos. Número para jugar a la loto: 7.
- *Hablar con ella:* presagio óptimo para todo aquello que se refiere a los afectos. Número para jugar a la loto: 39.
- *Ser una:* con sus obras alcanzará la fama, la gloria y el éxito. Número para jugar a la loto: 39.

Madrépora: Esta especie de coral fósil se considera desde hace milenios como un potente amuleto capaz de expulsar las calumnias, la hipocresía, la envidia y el mal de ojo. Soñar con ella constituye un óptimo auspicio porque anuncia la victoria sobre todos sus enemigos y sobre todas las adversidades. Número para jugar a la loto: 36.

Maestro: Simboliza la solidaridad, la protección, el juicio y la autoridad. Número para jugar a la loto: 36.
- *Encontrar a uno:* encontrará una ayuda válida en un amigo. Número para jugar a la loto: 15.
- *Hablar con uno:* le llegarán ofertas de alternativas alentadoras y debe aceptarlas sin esperar. Número para jugar a la loto: 11.

— *Ser uno:* encontrará la solución adecuada a sus problemas. Número para jugar a la loto: 11.
— *Ver a uno:* le concederán esa autorización que esperaba desde hacía tiempo. Número para jugar a la loto: 5.

Magia: Véase *Hechizo*.

Mago: Representa el porvenir, lo oculto, los deseos escondidos y las soluciones inesperadas. Número para jugar a la loto: 14.
— *Hablar a uno:* debe creerse lo que le dicen en sueños porque se prepara para usted un acontecimiento afortunado. Número para jugar a la loto: 34.
— *Ser uno:* se encontrará a punto de alcanzar una fortuna considerable. Número para jugar a la loto: 34.
— *Ver a uno:* tendrá un éxito rápido en los negocios. Número para jugar a la loto: 28.

Malaquita: Esta piedra de color verde antiguamente se consideraba como panacea para los dolores reumáticos y para los asuntos del corazón. Utilizada como amuleto, protegía las uniones amorosas de la envidia y de los hechizos de los rivales en amor. Soñar con ella constituye un bonito presagio porque indica que conseguirá superar todos los obstáculos que se interponen entre usted y la persona amada. Número para jugar a la loto: 31.

Maleta: Representa los cambios, los acontecimientos inesperados e inusuales, las salidas y los retornos. Número para jugar a la loto: 19.
— *Comprar una:* tiene que aceptar sin dilaciones una transferencia que le proporcionará una enorme fortuna. Número para jugar a la loto: 48.
— *Transportar una:* en su trabajo conseguirá todos los agradecimientos que desea. Número para jugar a la loto: 8.
— *Vaciar una:* volverá a unirse con una persona que el destino le había hecho abandonar. Número para jugar a la loto: 42.

— *Ver una:* sabrá aprovechar la ocasión favorable para abrirse camino en la vida. Número para jugar a la loto: 33.

Maletas: Simbolizan la angustia, las contrariedades y la voluntad de tener éxito. Número para jugar a la loto: 27.
— *Transportar:* ha cultivado amistades muy importantes, ahora le serán útiles para la conquista de lo que más desea. Número para jugar a la loto: 16.
— *Ver:* es el momento de actuar con determinación: la fortuna está de su parte. Número para jugar a la loto: 41.

Manada: Representa las asociaciones, los obstáculos superables y las alianzas ventajosas. Número para jugar a la loto: 12.
— *De bueyes:* unas buenas intuiciones le permitirán alcanzar aquello que más desea. Número para jugar a la loto: 39.
— *De búfalos:* todas sus ambiciones se verán satisfechas. Número para jugar a la loto: 35.
— *De caballos:* la fortuna se encuentra al alcance de sus manos. Debe esforzarse para reconocerla. Número para jugar a la loto: 33.

Mandarina: Representa la vitalidad, la alegría y la ambición. Número para jugar a la loto: 31.
— *Comer una:* recibirá una inesperada suma de dinero. Número para jugar a la loto: 7.
— *Lavar una:* sus negocios se llevarán a término con éxito. Número para jugar a la loto: 43.
— *Ver una:* su deseo de maternidad se verá realizado. Número para jugar a la loto: 45.

Mandrágora: Desde hace milenios, esta raíz ha estado presente en todos los ritos de brujería; se utiliza la mayor parte de las veces para la preparación de filtros de amor y también para procurar la riqueza y la fecundidad y para escrutar el futuro. Soñar con ella anuncia de forma anticipada el cumplimiento de sus objetivos, un aumento de riqueza y la realización casi inmediata de los deseos amorosos. Número para jugar a la loto: 37.

Mano: Representa el dominio, la potencia, el mando, los juramentos y los compromisos. Desde los tiempos más antiguos se reconocía el poder taumatúrgico de la mano que, con la propia imposición, aliviaba el dolor y curaba las enfermedades; de esto nace la costumbre de confeccionar amuletos en forma de mano para alejar las malas influencias y el mal de ojo. La mano más potente como talismán es la de Fátima, representada con todos los dedos abiertos para proteger la armonía familiar. En Inglaterra se utilizaban anillos en forma de manos entrelazadas que servían para indicar la unión indisoluble con la persona amada y se ofrecían como garantía de compromiso. Soñar con la mano que bendice o con las dos manos, sobre todo si se entrelazan, es un presagio muy favorable porque anuncia el amor apasionado por parte de la pareja, las protecciones influyentes en todos los campos, el cumplimiento de los propios objetivos y la victoria sobre todos los obstáculos. Número para jugar a la loto: 10.

Mansión: Representa las aspiraciones, los proyectos y las afirmaciones. Número para jugar a la loto: 30.
— *Entrar en una:* sus méritos serán reconocidos y conseguirá ventajas económicas. Número para jugar a la loto: 8.
— *Habitar en una:* su impetuosa personalidad le permitirá alcanzar todas las metas anheladas. Número para jugar a la loto: 13.
— *Ver una:* dispondrá de magníficas ocasiones para afirmarse en el campo de las inversiones. Número para jugar a la loto: 44.

Manzana: Es sinónimo de armonía familiar, de serenidad y de relaciones duraderas y sinceras. Número para jugar a la loto: 14.
— *Coger una:* tendrá muchas alegrías en el amor, su pareja le es fiel y le ama profundamente. Número para jugar a la loto: 40.
— *Comer una:* recuperará la armonía en el seno de su familia. Número para jugar a la loto: 35.

— *Madura:* tendrá muy buenas perspectivas para el futuro. Número para jugar a la loto: 30.
— *Ver una:* será muy admirado y apreciado por su disponibilidad y su sensibilidad. Número para jugar a la loto: 28.

Mañana: Véase *Alba*.

Máquina: Simboliza el porvenir, la laboriosidad y el éxito. Número para jugar a la loto: 23.
— *De coser:* tendrá un feliz encuentro con una persona que le proporcionará un trabajo más estimulante y rentable. Número para jugar a la loto: 5.
— *De escribir:* tendrá éxito en sus asuntos del corazón. Número para jugar a la loto: 10.
— *Utilizar una:* le ha llegado el momento de afirmar sus capacidades. Número para jugar a la loto: 9.

Mar: Simboliza el renacimiento tanto físico como espiritual, la vida y la fecundidad. Número para jugar a la loto: 10.
— *Agitado:* su íntima ambición se verá satisfecha por un fabuloso descubrimiento. Número para jugar a la loto: 45.
— *Calmado:* la fortuna le sonreirá haciéndole ganar una considerable suma de dinero. Número para jugar a la loto: 26.
— *Navegar:* le espera una dulce sorpresa en su ámbito familiar. Número para jugar a la loto: 36.

Marcharse: Simboliza la voluntad, la esperanza y las ganancias. Número para jugar a la loto: 42.
— *En avión:* conseguirá ascender y obtendrá un puesto de prestigio. Número para jugar a la loto: 7.
— *En barco:* no debe estar ansioso, la cuestión que le preocupa se resolverá con ventajas para usted. Número para jugar a la loto: 14.
— *En tren:* con un poco de esfuerzo conseguirá sus objetivos. Número para jugar a la loto: 12.

Marfil: Es sinónimo de riqueza, de agilidad y de relaciones útiles. Número para jugar a la loto: 26.
— *Comprar:* ha provocado una buena impresión en una reunión que ha tenido lugar hace poco; sus ideas seguramente serán aceptadas. Número para jugar a la loto: 10.
— *Tallar:* alcanzará el bienestar económico y será amado sinceramente. Número para jugar a la loto: 46.
— *Ver:* muy pronto mejorará considerablemente su situación económica. Número para jugar a la loto: 40.

Marinero: Es sinónimo de fuerza de ánimo, de seguridad interior, de comprensión y de abnegación. Número para jugar a la loto: 48.
— *Encontrar uno:* concluirá de forma brillante una especulación muy audaz que le había dejado sin aliento. Número para jugar a la loto: 9.
— *Hablar con uno:* se verificarán hechos importantes que aportarán un cambio positivo a su vida. Número para jugar a la loto: 14.
— *Ser uno:* gracias a su previsión evitará un gravísimo incidente. Número para jugar a la loto: 14.
— *Ver a uno:* efectuará un cambio de domicilio favorable. Número para jugar a la loto: 8.

Mariposa: Simboliza la ligereza, la libertad y la euforia. Número para jugar a la loto: 37.
— *Ser una (para un hombre):* conseguirá recuperar viejos créditos por un verdadero golpe de suerte. Número para jugar a la loto: 4.
— *Ser una (para una mujer):* conocerá una persona que le cortejará de forma insistente. Número para jugar a la loto: 12.
— *Ver una:* encontrará la paz y la justa respuesta a los problemas que le asaltaban. Número para jugar a la loto: 6.

Mariquita: Este pequeño animal llamado también *escarabajo de la Virgen*, está considerado desde hace siglos un símbolo muy afortunado. Bajo forma de joya se lleva como amuleto para que proporcione fortuna a quien lo posee. Soñar con él es de óptimo auspicio porque anuncia premios en el juego y ganancias fabulosas. Número para jugar a la loto: 45.

Marrón: Véase *Colores*.

Martillo: Representa la fuerza, la riqueza y la indomabilidad. Número para jugar a la loto: 34.
— *Comprar uno:* frene sus ímpetus; se proyectan acontecimientos positivos que le ayudarán a resolver sus problemas de la forma más adecuada. Número para jugar a la loto: 9.
— *Utilizar uno:* con la ayuda de la suerte firmará muy buenos negocios. Número para jugar a la loto: 11.
— *Ver uno:* a través de la ayuda de algunos parientes alcanzará grandes ganancias. Número para jugar a la loto: 48.

Masajear: Representa la tranquilidad, los intentos y los éxitos. Número para jugar a la loto: 29.
— *A amigos:* alcanzará el éxito y se le concederá un lugar de responsabilidad. Número para jugar a la loto: 6.
— *A animales:* se encontrará en una situación laboral estimulante y afortunada. Número para jugar a la loto: 14.
— *Cosas:* el deseo de triunfar le ha llevado a hacer demasiadas cosas, por suerte la diosa Fortuna vendrá en su ayuda. Número para jugar a la loto: 8.
— *A personas desconocidas:* se le reconocerán las indemnizaciones que ha pedido. Número para jugar a la loto: 9.

Matraca: Representa la alegría, los imprevistos y los desplazamientos. Número para jugar a la loto: 24.
— *Comprar una:* emprenderá de forma ventajosa empresas que le llevarán a un éxito seguro. Número para jugar a la loto: 8.
— *Escuchar una:* el afecto de una persona sobre la que tenía dudas se revelará sincero y ardiente. Número para jugar a la loto: 6.

— *Tocar una:* recibirá interesantes propuestas para un cambio de actividades; tiene que aceptarlas porque resultarán muy propicias para usted. Número para jugar a la loto: 48.

Maya: Se trata de una planta dedicada preferiblemente al amor. De hecho, esta margarita la utilizan las jóvenes que al deshojar sus pétalos piden la respuesta sobre los sentimientos del ser amado. Según algunas creencias cíngaras, si una joven en una noche de luna llena coloca bajo su cojín algunas de estas flores, conquistará el corazón del ser amado. Soñar con ellas es un óptimo presagio para las jóvenes que buscan marido porque anuncia amores fieles y próximas bodas. Número para jugar a la loto: 10.

Mecanógrafa: Es sinónimo de eficiencia, de laboriosidad y de obediencia. Número para jugar a la loto: 40.
— *Acompañar a una:* conseguirá resolver de la mejor manera posible una situación escabrosa. Número para jugar a la loto: 15.
— *Encontrarse una:* emprenderá nuevas actividades con perspicacia y fortuna. Número para jugar a la loto: 14.

Medalla: Representa los reconocimientos, los honores y el éxito. Número para jugar a la loto: 15.
— *Dar una:* gozará de una forma deslumbrante que le permitirá destacar en el ambiente que le rodea. Número para jugar a la loto: 27.
— *Recibir una:* la suerte le ayudará a superar los obstáculos y a alcanzar sus objetivos. Número para jugar a la loto: 12.
— *Regalar una:* conseguirá curar milagrosamente a personas que había olvidado en un pasado. Número para jugar a la loto: 44.

Médico: Simboliza la voluntad dirigida al bien, la superación de los obstáculos y la inteligencia. Número para jugar a la loto: 27.
— *Encontrar uno:* la diosa Fortuna le concederá muchas cosas bonitas y una vida cómoda y desahogada. Número para jugar a la loto: 15.

— *Hablar con uno:* no debe tener miedo si está enfermo porque lo suyo no es más que una indisposición que no tendrá consecuencias. Número para jugar a la loto: 47.
— *Ser uno:* conseguirá llevar a término sus proyectos de trabajo. Número para jugar a la loto: 47.
— *Ver a uno:* conseguirá destapar justo a tiempo un intento de robo. Número para jugar a la loto: 41.

Melón: Representa el éxito, el reconocimiento de los méritos y las iniciativas afortunadas. Número para jugar a la loto: 15.
— *Comer uno:* llevará a término de forma favorable todas las empresas iniciadas. Número para jugar a la loto: 36.
— *Comprar uno:* la diosa Fortuna le ayudará a escapar de un peligro. Número para jugar a la loto: 44.
— *Ver uno:* tiene que continuar trabajando porque tendrá grandes posibilidades de conducir una carrera espléndida. Número para jugar a la loto: 29.

Mercado: Simboliza la laboriosidad, la inteligencia y el espíritu combativo y de aventura. Número para jugar a la loto: 26.
— *Estar en uno:* tendrá la oportunidad de planificar sus proyectos de forma que se puedan alcanzar los mejores resultados. Número para jugar a la loto: 11.
— *Ir a uno:* la suerte le dará un considerable empuje en los negocios y obtendrá grandes ventajas económicas. Número para jugar a la loto: 42.
— *Ver uno:* los objetivos que se ha fijado le comprometerán duramente, pero no debe tener miedo porque conseguirá triunfar. Número para jugar a la loto: 40.

Mermelada: Representa la facilidad, las buenas relaciones y la amabilidad. Número para jugar a la loto: 28.
— *Comer:* gozará de una poderosa protección. Número para jugar a la loto: 49.

— *Comprar:* llegará hasta el final de la verdad y descubrirá de esta forma que todo el mundo que le rodea le aprecia. Número para jugar a la loto: 12.
— *Utilizar:* conseguirá encontrar un empleo muy rentable. Número para jugar a la loto: 14.
— *Ver:* una persona amiga le ayudará a restablecer las relaciones con alguien con quien había discutido. Número para jugar a la loto: 42.

Meteorito: Representa lo fantástico, la eternidad, el futuro y las cosas inesperadas. Número para jugar a la loto: 9.
— *Que cae:* obtendrá una feliz curación de una enfermedad. Número para jugar a la loto: 12.
— *Montar sobre uno:* descubrirá una trampa que le preparaban en su contra. Número para jugar a la loto: 9.
— *Ver uno:* obtendrá un éxito completo en un negocio que le parecía imposible. Número para jugar a la loto: 14.

Miel: Representa la felicidad, la prosperidad y la comprensión. Número para jugar a la loto: 17.
— *Comer:* conseguirá realizar una compra ventajosa gracias a una elección acertada. Número para jugar a la loto: 38.
— *Comprar:* recuperará una cantidad de dinero que creía perdido. Número para jugar a la loto: 46.
— *Recoger:* tiene que atreverse. La persona que hasta ahora le ha parecido inaccesible desea únicamente que encuentre el coraje para intentarlo. Número para jugar a la loto: 10.

Militar: Representa la batalla, la protección y lo desconocido. Número para jugar a la loto: 38.
— *Hablar a uno:* conseguirá la victoria en un asunto legal. Número para jugar a la loto: 13.
— *Ser uno:* le concederán un nuevo encargo altamente remunerado. Número para jugar a la loto: 13.

— *Ver uno:* tiene amigos de confianza que sabrán custodiar sus secretos. Número para jugar a la loto: 7.

Mina: Simboliza las decisiones ponderadas, el sacrificio y la fuerza de voluntad. Número para jugar a la loto: 15.
— *Entrar en una:* conseguirá liberar su ánimo de todas las dudas y temores alcanzando de esta forma la tranquilidad y la alegría. Número para jugar a la loto: 47.
— *Trabajar en una:* la suerte le ayudará concediéndole la capacidad y el espíritu adecuado para afrontar todas las situaciones difíciles. Número para jugar a la loto: 47.
— *Ver una:* conseguirá la victoria sobre falsos amigos que han intentado traicionarle. Número para jugar a la loto: 29.

Miniatura: Representa el pasado, la habilidad y la perseverancia. Número para jugar a la loto: 42.
— *Comprar una:* superará brillantemente un momento de estancamiento debido a contrariedades en el trabajo. Número para jugar a la loto: 8.
— *Encontrar una:* en su vida privada y sentimental se crearán situaciones más que positivas. Número para jugar a la loto: 12.
— *Pintar una:* conseguirá evitar un encuentro que podría resultar perjudicial para usted. Número para jugar a la loto: 13.

Mirlo: Representa los secretos desvelados, las confidencias y las noticias inesperadas. Número para jugar a la loto: 23.
— *Capturar uno:* obtendrá considerables ventajas financieras gracias a una información reservada que le proporcionará una persona que conoce desde hace tiempo. Número para jugar a la loto: 12.
— *Curar a uno:* cuando menos se lo espere recibirá esa llamada de teléfono que aguardaba. Número para jugar a la loto: 42.
— *Ver uno:* descubrirá que en su ambiente de estudio o de investigación existen para usted situaciones muy ventajosas y actuará en consecuencia. Número para jugar a la loto: 37.

Mirto: Antiguamente se tenía en gran consideración porque constituía por excelencia el amuleto de las personas enamoradas y era costumbre regalarlo entre prometidos como garantía de fidelidad perenne. Soñar con él constituye un bonito presagio porque significa que su pareja le ama apasionadamente y le pertenece por completo. Número para jugar a la loto: 31.

Misa: Simboliza los contactos, las buenas amistades y las ayudas dadas y recibidas. Número para jugar a la loto: 20.
— *Escuchar una:* de ahora en adelante tendrá una existencia libre de angustias y preocupaciones. Número para jugar a la loto: 11.
— *Ver una:* recibirá grandes manifestaciones de afecto. Número para jugar a la loto: 34.

Misil: Es sinónimo de fuerza, de amor fogoso y de inteligencia. Número para jugar a la loto: 29.
— *Construir uno:* sabrá llegar con mucha determinación al éxito en sus negocios. Número para jugar a la loto: 8.
— *Guiar uno:* todas sus ambiciones se verán satisfechas e incluso se le dispensarán honores y reconocimientos. Número para jugar a la loto: 9.
— *Transportar uno:* reencontrará la fuerza necesaria para superar este momento de *impasse*. Número para jugar a la loto: 9.
— *Ver uno:* sus amores serán correspondidos plenamente. Número para jugar a la loto: 43.

Misionero: Representa la ayuda, la consolación y la paciencia. Número para jugar a la loto: 6.
— *Encontrar uno:* encontrará un gran consuelo en sus penas. Número para jugar a la loto: 12.
— *Hablar con uno:* no debe tener miedo, se curará muy rápidamente. Número para jugar a la loto: 8.
— *Ser uno:* una persona buena y competente le ayudará a superar un problema moral. Número para jugar a la loto: 8.

— *Ver a uno:* está rodeado de amigos fieles dispuestos a ayudarle en el momento necesario. Número para jugar a la loto: 11.

Mochila: Representa la fuerza, la protección, la obstinación, los desplazamientos y los cambios. Número para jugar a la loto: 28.
— *Llenar una:* con paciencia y perseverancia alcanzará la meta que se ha marcado. Número para jugar a la loto: 46.
— *Llevar una:* saldrá victorioso en una cuestión judicial que le ha mantenido durante largo tiempo en suspense. Número para jugar a la loto: 45.
— *Ver una:* todo se resolverá según sus propios deseos. Número para jugar a la loto: 42.

Moler: Es sinónimo de gran constancia y de parsimonia. Número para jugar a la loto: 19.
— *Café:* subirá de grado y obtendrá un puesto de prestigio. Número para jugar a la loto: 34.
— *Cebada:* vivirá una situación propicia tanto en los negocios como en el trabajo. Número para jugar a la loto: 35.
— *Grano:* recibirá grandes satisfacciones de una actividad iniciada hace poco. Número para jugar a la loto: 41.

Molino: Representa la opulencia, la laboriosidad y los negocios llegados a buen puerto. Número para jugar a la loto: 23.
— *Estar en uno:* la diosa Fortuna favorecerá la realización de sus deseos. Número para jugar a la loto: 8.
— *Ir a uno:* superará felizmente una cuestión debida a un asunto legal pendiente. Número para jugar a la loto: 39.
— *Ver uno:* reconquistará la confianza en sí mismo y conseguirá consolidar sus finanzas. Número para jugar a la loto: 37.

Monedas: Simbolizan la riqueza tanto material como interior, los negocios ventajosos y los provechos certeros. Número para jugar a la loto: 27.

— *Encontrar:* fortuna y alegría le esperan. Debe atraparlas al vuelo. Número para jugar a la loto: 15.
— *Enterrar:* tendrá la fortuna de poseer a sangre fría necesaria para hacer frente a los negocios y las diversas cuestiones financieras que puedan sobrevenirle. Número para jugar a la loto: 8.
— *Tener:* ningún obstáculo se interpone a sus deseos, ganará en el juego. Número para jugar a la loto: 11.
— *Ver:* conseguirá que su proyecto concluya de la mejor forma posible. Número para jugar a la loto: 41.

Monja: Simboliza la modestia, la obediencia, el orden y la tolerancia. Número para jugar a la loto: 14.
— *Encontrar una:* conseguirá terminar a tiempo un trabajo que le angustiaba. Número para jugar a la loto: 11.
— *Hablar con una:* superará brillantemente esa crisis que hasta ahora le había atenazado. Número para jugar a la loto: 34.
— *Ser una (para un hombre):* consolidará felizmente amistades que por razones de trabajo había perdido de vista. Número para jugar a la loto: 8.
— *Ser una (para una mujer):* al final, conseguirá reconciliarse con una persona con la que había discutido hace poco. Número para jugar a la loto: 8.

Montaña: Representa la fuerza de voluntad, el coraje y a veces la obstinación y la temeridad. Número para jugar a la loto: 26.
— *Caminar por una:* recuperará seguramente la felicidad y la alegría. Número para jugar a la loto: 7.
— *Escalar una:* superará felizmente diversos obstáculos debidos a la intromisión de personas deshonestas. Número para jugar a la loto: 7.
— *Nevada:* un regalo inesperado y generoso le llenará de alegría. Número para jugar a la loto: 42.
— *Ver una:* la fortuna estará de su parte en un asunto que considera muy arriesgado. Número para jugar a la loto: 40.

Monte: Representa la paz, la tranquilidad y la renovación. Número para jugar a la loto: 23.
— *Estar en él:* ha llegado para usted el momento de la satisfacción personal tanto en el trabajo como en la familia. Número para jugar a la loto: 8.
— *Verlo:* reencontrará la tranquilidad perdida gracias al interés de un gran amigo suyo. Número para jugar a la loto: 37.

Moras: Son sinónimo de conquista y de éxito en el campo amoroso. Número para jugar a la loto: 22.
— *Comer:* obtendrá un gran éxito en su situación sentimental. Número para jugar a la loto: 43.
— *Recoger:* la suerte le favorece y de ahora en adelante todo le irá bien. Número para jugar a la loto: 6.

Morder: Representa el impulso, la agresividad y la potencia. Número para jugar a la loto: 29.
— *Comida:* en su carrera le llegará lo mejor. Número para jugar a la loto: 7.

Motor: Representa la estabilidad, la custodia de los bienes, el bienestar y la confianza. Número para jugar a la loto: 26.
— *Encenderlo:* conseguirá triunfar en sus estudios alcanzando la meta con las mejores notas. Número para jugar a la loto: 7.
— *Repararlo:* conseguirá recuperar un objeto muy caro que había perdido. Número para jugar a la loto: 14.
— *Verlo:* emprenderá un viaje afortunado. Número para jugar a la loto: 40.

Mozo: Representa los esfuerzos, las incumbencias y los trabajos arduos. Número para jugar a la loto: 13.
— *Ser uno:* le parece que no se le apreciará por lo que vale pero se equivoca y mucho. Sus dotes ya han sido descubiertas y muy pronto recibirá grandes satisfacciones. Número para jugar a la loto: 33.

— *Ver uno:* está dolido por algunos desaires y calumnias, pero una agradable novedad le aportará una sonrisa. Número para jugar a la loto: 27.

Muchacho/a: Es sinónimo de amabilidad, de felicidad y de gracia. Números para jugar a la loto: 30 y 27.
— *Acompañar a uno/a:* alcanzará muy pronto la serenidad y la alegría de vivir. Números para jugar a la loto: 14 y 11.
— *Ser uno/a:* con la indecisión no se llega a ningún sitio, debe estar preparado porque están a punto de llegar para usted novedades esperanzadoras. Números para jugar a la loto: 5 y 47.
— *Ver a uno/a:* su necesidad de afecto se verá ampliamente satisfecha por parte de una pareja sensible y generosa. Números para jugar a la loto: 41 y 44.

Muebles: Representan la solidez, la seguridad y los cambios positivos. Número para jugar a la loto: 24.
— *Comprarlos:* alcanzará todos sus objetivos y obtendrá riquezas y satisfacciones morales. Número para jugar a la loto: 8.
— *Transportarlos:* mejorará considerablemente su posición social. Número para jugar a la loto: 13.
— *Verlos:* le proporcionarán la posibilidad de consolidar su «posición» en el seno de una empresa. Número para jugar a la loto: 38.

Muérdago: Desde tiempos inmemoriales se considera un potente portador de fortuna para los enamorados (que todavía hoy conservan la costumbre de besarse bajo sus hojas la noche de fin de año) para que su amor y su unión dure para siempre. Soñar con él constituye un bonito presagio sobre todo para las personas con pareja; de hecho significa que su unión resultará feliz y duradera. Número para jugar a la loto: 31.

Muguete: Esta flor tan delicada se considera desde hace milenios favorable para los amantes, por ello se regala a la persona amada como declaración de amor y garantía de fidelidad eterna. Soñar con ella indica que la persona goza por parte de su pareja de un amor cálido e indestructible. Número para jugar a la loto: 30.

Muro: Representa los imprevistos, la defensa y las divisiones. Número para jugar a la loto: 14.
— *Construir uno:* se librará de falsos amigos envidiosos que intentaban hacerle daño. Número para jugar a la loto: 11.
— *Derribar uno:* en su trabajo conseguirá esas afirmaciones que tanto le importaban. Número para jugar a la loto: 11.
— *Escalar uno:* su inocencia se verá reconocida universalmente. Número para jugar a la loto: 40.
— *Ver un nevado:* recuperará su salud muy pronto. Número para jugar a la loto: 28.

Música: Es sinónimo de dulzura, de nobleza de ánimo, de inteligencia y de inspiración. Número para jugar a la loto: 24.
— *Componer:* tendrá un gran éxito en todas sus aspiraciones. Número para jugar a la loto: 12.
— *Escuchar:* tendrá amistades que desempeñarán un papel de gran importancia para conseguir un objetivo que le atrae mucho. Número para jugar a la loto: 6.

N

Nacimiento: Simboliza la regeneración, la fecundidad y las empresas afortunadas. Número para jugar a la loto: 48.
— *De un animal:* estará dotado de una gran iniciativa que le permitirá alcanzar sus objetivos. Número para jugar a la loto: 11.
— *De un hijo:* conseguirá obtener todo lo que había pedido. Número para jugar a la loto: 10.
— *De otra persona:* dentro de poco alcanzará la serenidad y la estabilidad afectiva. Número para jugar a la loto: 17.

Napa: Representa las ganancias, las cosas bonitas y costosas y los regalos. Número para jugar a la loto: 10.
— *Recibir:* una agradable sorpresa le llenará de alegría. Número para jugar a la loto: 7.
— *Utilizar:* su destino es afortunado. Todos sus deseos se verán cumplidos en poco tiempo. Número para jugar a la loto: 5.
— *Ver:* sus expectativas se cumplirán. Número para jugar a la loto: 24.

Naranja: Es sinónimo de alegría, de buena salud y de prosperidad. Número para jugar a la loto: 20.
— *Comer una:* resolverá de forma brillante una situación peligrosa. Número para jugar a la loto: 41.
— *Ver una:* la felicidad y la fortuna le esperan inevitablemente. Número para jugar a la loto: 34.

Narciso: Es sinónimo de sinceridad, de inocencia y de candor. Soñar con él constituye un bonito presagio porque anuncia con antelación un próximo encuentro y el nacimiento de un amor puro y romántico con una persona que le será eternamente fiel. Número para jugar a la loto: 35.

Nata: Simboliza la alegría, la buena salud y el refinamiento. Número para jugar a la loto: 14.
— *Comprar:* ha dado una buena impresión en una reunión, le aceptarán en los ambientes más exclusivos. Número para jugar a la loto: 43.
— *Montar:* se le presentará la oportunidad de aumentar ciertos proyectos financieros que se revelarán más que ventajosos. Número para jugar a la loto: 41.
— *Ver:* llevará a término una tarea muy importante con competencia y valentía. Número para jugar a la loto: 28.

Nave: Representa la salvación, el peligro conjurado y las actividades. Número para jugar a la loto: 11.
— *Construir una:* una aspiración secreta se realizará de forma más que satisfactoria. Número para jugar a la loto: 8.
— *Trabajar sobre una:* conseguirá destapar una mala acción justo a tiempo. Número para jugar a la loto: 43.
— *Ver una:* sus dificultades serán sólo momentáneas; la fortuna le está preparando un bonita sorpresa. Número para jugar a la loto: 25.

Navidad: Representa la alegría, la paz y las buenas amistades. Número para jugar a la loto: 24.
— *Ver la fiesta:* estará más que satisfecho de lo que el destino le reservará. Número para jugar a la loto: 13.

Negocio: Representa los negocios, las entradas y las alianzas. Número para jugar a la loto: 35.

— *Comprar uno:* tendrá grandes ventajas económicas en el campo del comercio. Número para jugar a la loto: 10.
— *Tener uno:* alcanzará prosperidad y riqueza. Número para jugar a la loto: 10.
— *Ver uno:* estará muy satisfecho por lo que el destino le ofrecerá. Número para jugar a la loto: 49.

Nenúfar: Esta bonita planta acuática, generalmente de color blanco, representa los sentimientos sinceros y delicados. Soñar con ella es un excelente auspicio para los enamorados porque prevé el nacimiento y la continuidad de amores puros, leales y duraderos. Número para jugar a la loto: 26.

Nevada: Véase *Nieve*.

Nidada: Representa la abundancia, la prole, la familia y los deberes. Número para jugar a la loto: 22.
— *De animales:* su futuro se presentará lleno de agradables novedades. Número para jugar a la loto: 7.
— *Cuidar una de pollitos:* gozará de una vida serena y de afectos sinceros y duraderos. Número para jugar a la loto: 10.
— *De niños:* sus hijos le darán grandes satisfacciones. Número para jugar a la loto: 6.

Nido: Personifica el trabajo, el reposo y la protección. Número para jugar a la loto: 20.
— *Construir uno:* vivirá una vida serena en pleno acuerdo con sí mismo y los demás. Número para jugar a la loto: 8.
— *Estar en uno:* todos sus problemas se solucionarán muy pronto. Número para jugar a la loto: 5.
— *Con huevos:* se producirá un gran aumento en sus ingresos. Número para jugar a la loto: 48.
— *Con pájaros:* todos los componentes de su familia gozarán de buena salud. Número para jugar a la loto: 5.

— *Ver uno:* una situación que hasta ahora resultaba precaria tendrá un desarrollo muy positivo. Número para jugar a la loto: 34.

Nieve: Simboliza la nobleza de ánimo, la castidad y las acciones afortunadas. Número para jugar a la loto: 24.
— *Que cae:* disfrutará de veladas agradables y serenas con la persona amada. Número para jugar a la loto: 45.
— *Jugar con ella:* conseguirá alejar a la persona que, a sus espaldas, quería ocupar su cargo. Número para jugar a la loto: 44.
— *Recoger:* saldrá victorioso de esa controversia que le preocupaba. Número para jugar a la loto: 8.

Ninfa: Representa la libertad, la poesía y la tranquilidad. Número para jugar a la loto: 22.
— *Encontrar una:* le espera un periodo muy favorable tanto para el amor como para los contactos sociales. Número para jugar a la loto: 10.
— *Ser una:* atravesará un periodo muy feliz en el que reforzará sus propósitos y sus amistades. Número para jugar a la loto: 42.
— *Ver una:* los que están comprometidos llegarán a casarse y los que están libres tendrán encuentros prometedores. Número para jugar a la loto: 36.

Niño/a: Representa la inocencia, la paciencia, la tolerancia y la bondad de ánimo. Números para jugar a la loto: 18 y 21.
— *Amamantar a uno/a:* le esperan unos años prósperos y felices. Números para jugar a la loto: 45 y 48.
— *Mimar a uno/a:* recibirá afecto y amistad duradera. Números para jugar a la loto: 39 y 42.
— *Ser uno/a:* reencontrará aquello que tanto quería y que había perdido. Números para jugar a la loto: 7, 38 y 41.
— *Ver uno/a:* después de un periodo desafortunado viene siempre la calma, ahora es el momento de ser feliz. Números para jugar a la loto: 32 y 35.

Nísperos: Representan los objetos de valor y el dinero. Número para jugar a la loto: 49.
— *Comer:* encontrará un objeto precioso inesperadamente. Número para jugar a la loto: 7.
— *Comprar:* gracias a una donación aumentarán considerablemente sus bienes familiares. Número para jugar a la loto: 15.
— *Ver:* realizará buenas cosechas. Número para jugar a la loto: 9.

Noche: Representa el misterio, las incógnitas y los secretos. Número para jugar a la loto: 23.
— *Estrellada:* tendrá mucha suerte tanto en el amor como en los negocios. Número para jugar a la loto: 11.
— *Serena:* le espera una importante mejora en su vida. Número para jugar a la loto: 7.

Notario: Representa el orden, el compromiso y las fortunas imprevistas. Número para jugar a la loto: 37.
— *Encontrar uno:* con prontitud alcanzará la riqueza. Número para jugar a la loto: 16.
— *Hablar a uno:* atravesará un periodo muy afortunado en el que todo le estará permitido. Número para jugar a la loto: 12.
— *Ser uno:* ha despertado el interés de sus superiores que le aprecian por lo que vale. Número para jugar a la loto: 12.

Nudo: Este símbolo se utiliza en muchos rituales de magia; representa las uniones duraderas, el amor indisoluble y los afectos más sinceros. Número para jugar a la loto: 12.
— *Bordar uno:* nada podrá turbar su relación amorosa. Número para jugar a la loto: 37.
— *Formar uno:* gozará de la absoluta fidelidad de la pareja. Número para jugar a la loto: 39.

Nueces: Simbolizan las ganancias, los éxitos y las empresas afortunadas. Número para jugar a la loto: 25.

— *Comer:* sus intereses están protegidos por la fortuna, conseguirá grandes ingresos. Número para jugar a la loto: 46.
— *Recoger:* conseguirá resolver un asunto muy importante para su trabajo. Número para jugar a la loto: 9.

Nueve: Véase *Números*.

Números: Los números más afortunados son los que en el sueño dan las personas que han dejado su entorno emotivo, en este caso sería una buena regla apostarlos a la loto o cualquier otro juego de azar. Existen otros muchos números considerados de buen auspicio o «mágicos». Proponemos la lista a continuación[1]:
— *1:* representa el principio, la constancia y el coraje; trae buena suerte tanto en los negocios como en los asuntos del corazón;
— *2:* representa el misterio, lo oculto y la honestidad; anuncia acontecimientos fantásticos e inesperados;
— *3:* representa la fortuna, la religiosidad y la importancia de las acciones emprendidas; seguramente es el número más afortunado, pues que aporta riquezas, beneficios y ganancias;
— *4:* representa el éxito, la virtud, el universo y la generosidad; en el sueño está para indicar que los deseos y las aspiraciones se cumplirán;
— *5:* representa la vida, el alma, la armonía, el equilibrio y la voluntad; anuncia de forma anticipada las uniones felices y la supremacía sobre los rivales tanto en el amor como en los negocios;
— *6:* representa la unión, la curiosidad y la fantasía; indica las sorpresas agradables y las vueltas positivas de la existencia;
— *7:* representa la fuerza, la sabiduría y la previsión; en el sueño anuncia una solución feliz a sus intereses;
— *9:* representa todas las prerrogativas del 3 y del 6, puesto que es múltiplo del primero, por lo que aporta al soñador mucha fortuna y la realización inmediata de todos los deseos.

1. El número 8 no se ha incluido porque se considera de mal augurio.

O

Oasis: Representa las metas alcanzadas, el descanso y la tranquilidad. Número para jugar a la loto: 30.
— *Estar en uno:* gozará de una vida tranquila y de afectos sinceros y duraderos. Número para jugar a la loto: 6.
— *Ir hacia uno:* una nueva perspectiva le proporcionará la serenidad que estaba buscando desde hacía tiempo. Número para jugar a la loto: 46.
— *Ver uno:* debe alegrarse, recibirá un gran consuelo. Número para jugar a la loto: 44.

Obelisco: Representa el éxito, el reconocimiento y el deseo de posesión. Número para jugar a la loto: 36.
— *Construir uno:* se encontrará favorecido por la suerte, en un momento decisivo para su porvenir; tiene que actuar con rapidez. Número para jugar a la loto: 15.
— *Transportar uno:* recibirá una condecoración en la que ya no creíamos. Número para jugar a la loto: 16.
— *Ver uno:* gozará de un gran éxito en los negocios y realizará inversiones ventajosas. Número para jugar a la loto: 5.

Obispo: Simboliza el mando, la importancia y las acciones justas y afortunadas. Número para jugar a la loto: 32.
— *Encontrar uno:* un encuentro inesperado jugará un papel muy importante en su vida. Número para jugar a la loto: 11.

— *Hablar con uno:* sus empresas y sus iniciativas resultarán grandiosas. Número para jugar a la loto: 7.
— *Ser uno:* todo lo que hasta ahora había deseado se cumplirá. Número para jugar a la loto: 7.
— *Ver a uno:* le propondrán un puesto de mando, tiene que aceptarlo porque seguramente triunfará. Número para jugar a la loto: 46.

Oca: Simboliza la humildad, la condescendencia y la competitividad. Número para jugar a la loto: 8.
— *Cocinar una:* todas las adversidades que ha vivido hasta ahora han sido sólo el preludio para una felicidad que no tardará en llegar. Número para jugar a la loto: 38.
— *Comer una:* el amor le favorecerá. Número para jugar a la loto: 29.
— *Ver una:* una mujer le será de gran ayuda para la resolución de uno de sus problemas. Número para jugar a la loto: 22.

Odre: Simboliza la abundancia y las iniciativas afortunadas. Número para jugar a la loto: 20.
— *Comprar uno:* la suerte será su amiga siempre que sepa actuar con rapidez de espíritu. Número para jugar a la loto: 49.
— *Llenar uno:* obtendrá resultados satisfactorios en algunas de su investigaciones. Número para jugar a la loto: 38.
— *Tener uno:* se encontrará, favorecido por la diosa Fortuna, en un momento decisivo para su porvenir, tiene que actuar. Número para jugar a la loto: 49.
— *Ver uno:* recibirá manifestaciones de afecto y estima de la persona que menos espera. Número para jugar a la loto: 34.

Oficial: Representa los conocimientos de alto rango, la potencia y el mando. Número para jugar a la loto: 33.
— *Acompañar a uno:* conseguirá alejar a una persona que no le era agradable y que le obstaculizaba. Número para jugar a la loto: 8.
— *Hablar con uno:* alcanzará una posición realmente envidiable en el mundo del trabajo. Número para jugar a la loto: 8.

— *Ser uno:* todo en lo que cree se cumplirá y recibirá muchas satisfacciones. Número para jugar a la loto: 8.
— *Ver a uno:* emprenderá empresas muy ventajosas. Número para jugar a la loto: 47.

Ojo: Representa la percepción, la vigilancia, la razón y el conocimiento. Números para jugar a la loto: 12 y 20.
— *Curarlo:* la fortuna le regalará el conocimiento y la intuición necesarias para llevar una vida feliz. Números para jugar a la loto: 9 y 46.
— *Maquillarlo:* conseguirá salir sin demasiadas dificultades de una situación escabrosa. Números para jugar a la loto: 8 y 9.
— *Verlo:* una de sus felices intuiciones le permitirá hacer progresar sus negocios. Números para jugar a la loto: 26 y 34.

Ojo de tigre: Se trata de una bonita piedra de color pardo con vetas amarillas; las creencias populares cuentan que quien la posee mantendrá siempre intacto su patrimonio; además está considerada como un potente amuleto para las personas a las que les gustan los juegos de azar y para quien busca aventuras. Soñar con ella anuncia fortuna, felicidad y múltiples conquistas amorosas. Número para jugar a la loto: 13.

Olivar: Simboliza la paciencia, los encuentros afortunados y la disponibilidad afectiva. Número para jugar a la loto: 24.
— *Estar en uno:* superará cualquier controversia y encontrará la armonía perdida con un familiar. Número para jugar a la loto: 9.
— *Trabajar en uno:* todo le será favorable y alcanzará el entendimiento perfecto con sus colaboradores. Número para jugar a la loto: 11.
— *Ver uno:* tendrá un encuentro muy importante para su futuro. Número para jugar a la loto: 38.

Olivo: Simboliza la paz, los acuerdos y la esperanza. Número para jugar a la loto: 20.

— *Recibir una rama:* la ayuda de personas de confianza le permitirá restablecer sus finanzas. Número para jugar a la loto: 8.
— *Recoger la oliva:* recuperará la alegría perdida gracias a una persona que se encariñará con usted. Número para jugar a la loto: 11.
— *Regalar:* conseguirá reconciliarse con una persona que ama sinceramente. Número para jugar a la loto: 49.

Olla: Véase *Sartén*.

Olmo: Simboliza la paz, la tranquilidad y las metas alcanzadas. Soñar con él es un bonito presagio porque indica que los objetivos que se había fijado se lograrán sin mucho trabajo y que gozará de una vida tranquila. Número para jugar a la loto: 11.

Ónice: Esta piedra de color negro es sinónimo de humildad, de calma y de elevación espiritual. Soñar con ella es muy favorable porque anuncia el fin de las adversidades. Número para jugar a la loto: 24.

Ópalo: Muchos orfebres la consideraban una piedra desafortunada (puesto que su trabajo era arriesgado al ser muy delicada y en la mayor parte de los casos se estropeaba), pero nada es más falso. El ópalo es símbolo de esperanza y de fidelidad y en el sueño asume un significado más que positivo y anuncia la consecución de las metas fijadas y un amor feliz y tranquilo. Número para jugar a la loto: 15.

Operario: Representa la laboriosidad, el sentido del deber, la honestidad y la fuerza de llevar a término las empresas. Número para jugar a la loto: 42.
— *Encontrar uno:* conseguirá encontrar un empleo muy rentable. Número para jugar a la loto: 12.
— *Ser uno:* debe proponer con seguridad sus proyectos porque seguramente serán aceptados. Número para jugar a la loto: 8.
— *Ver uno:* la suerte le ayudará dándole la capacidad de superar todas las situaciones negativas. Número para jugar a la loto: 11.

Orejas: Representan la atención, las noticias, los consejos y las ayudas. Número para jugar a la loto: 29.
- *Buscar las propias:* debe decidirse a empezar una nueva profesión sin sentir miedo porque todo el mundo le ayudará a conseguir el éxito. Número para jugar a la loto: 9.
- *Lavárselas a un niño:* mejorará las relaciones con sus hijos y recibirá de ellos muchas satisfacciones. Número para jugar a la loto: 7.
- *Lavárselas a una persona mayor:* le esperan alegrías imprevistas y dones inesperados. Número para jugar a la loto: 10.
- *Lavar las propias:* es un presagio favorable de larga vida. Número para jugar a la loto: 8.
- *Ver:* debe mantener bien guardados sus secretos y llegará a las metas fijadas. Número para jugar a la loto: 43.

Órgano: Representa los recuerdos, la amabilidad y la fortuna. Número para jugar a la loto: 26.
- *Escuchar uno:* es un presagio de gran fortuna en todos los campos. Número para jugar a la loto: 8.
- *Tocar uno:* se sentirá atraído por las situaciones inusitadas, no debe tener miedo y seguir su instinto; obtendrá una gran alegría. Número para jugar a la loto: 5.
- *Ver uno:* debe saber atrapar las ocasiones correctas para abrirse camino. Número para jugar a la loto: 40.

Ornar: Véase *Decorar*.

Orquesta: Simboliza las asociaciones felices, las buenas amistades, la serenidad y la alegría. Número para jugar a la loto: 41.
- *Dirigir una:* recuperará la tranquilidad económica. Número para jugar a la loto: 12.
- *Escuchar una:* gozará de una gran protección. Número para jugar a la loto: 14.
- *Estar en una:* una nueva amistad le traerá la serenidad que está buscando desde hace tiempo. Número para jugar a la loto: 8.

— *Ver una:* conseguirá la victoria en una discusión. Número para jugar a la loto: 10.

Oso: Simboliza fuerza, osadía y persecución. Número para jugar a la loto: 16.
— *Adiestrar uno:* obtendrá el éxito en un proyecto que le parecía irrealizable. Número para jugar a la loto: 13.
— *Cabalgar sobre uno:* llevará a término una empresa grandiosa. Número para jugar a la loto: 39.
— *Capturar uno:* alcanzará el bienestar económico y será amado sinceramente. Número para jugar a la loto: 5.
— *Polar:* su actividad se hará cada vez más firme y segura. Número para jugar a la loto: 34.
— *Ver uno:* su futuro estará colmado de alegrías y de fortuna. Número para jugar a la loto: 30.

Otoño: Es sinónimo de calma, de deber, de costumbre. Soñar que se encuentra en esta estación significa que conseguirá alcanzar todo aquello por lo que ha estado luchando y de esta forma tendrá la seguridad y la tranquilidad deseada. Número para jugar a la loto: 26.

Ovejas: Representan la fortuna, los deseos conseguidos y la voluntad. Número para jugar a la loto: 24.
— *Esquilar:* concluirá un matrimonio rico. Número para jugar a la loto: 8.
— *Guiar:* conseguirá imponerse a todas las personas que querían obstaculizar un proyecto suyo. Número para jugar a la loto: 49.
— *Ver:* encontrará un empleo adecuado a sus estudios y a sus capacidades. Número para jugar a la loto: 38.

Ovni: Véase *Astronave*.

P

Pachá: Es sinónimo de riqueza, de poder y de acontecimientos misteriosos. Número para jugar a la loto: 18.
— *Ser uno:* alcanzará el éxito en sus asuntos del corazón. Número para jugar a la loto: 38.
— *Ver a uno:* llevará a término grandiosos proyectos. Número para jugar a la loto: 32.

Padre: Representa la protección, el amor incondicional, el derecho y la disciplina. Número para jugar a la loto: 12.
— *Besarlo:* tendrá una relación sentimental muy válida que desembocará en convivencia o en el matrimonio. Número para jugar a la loto: 35.
— *Hablar con él:* le esperan jornadas llenas de acontecimientos positivos tanto para los negocios como para el amor. Número para jugar a la loto: 32.
— *Verlo:* superará felizmente todos los obstáculos que se interponen entre usted y lo que desea. Número para jugar a la loto: 26.

Paja: Es sinónimo de victoria y de revancha. Número para jugar a la loto: 11.
— *Transportar:* su futuro puede llenarse de falsos cambios. Número para jugar a la loto: 9.
— *Ver:* una visita inesperada le llevará al máximo de felicidad. Número para jugar a la loto: 25.

Pajarito: Véase *Petirrojo*.

Pájaros: Representan la fortuna, la armonía y las buenas noticias. Número para jugar a la loto: 30.
— *Alimentarlos:* todo aquello en lo que cree se cumplirá puntualmente. Número para jugar a la loto: 14.
— *Que cantan:* resolverá con ventaja para usted una cuestión referente a una herencia. Número para jugar a la loto: 8.
— *Que vuelan:* recibirá una noticia inesperada que le dará una gran alegría. Número para jugar a la loto: 10.
— *Verlos:* la alegría y la comodidad no abandonarán nunca su casa. Número para jugar a la loto: 44.

Paje: Representa la fecundidad, el placer, la unión y la lealtad. Número para jugar a la loto: 15.
— *Hablar con uno:* sus estudios se verán coronados por el éxito. Número para jugar a la loto: 35.
— *Ser uno:* tiene que esperar todavía un poco antes de abandonar sus ideas seguramente se juzgarán pronto y scrán aceptadas. Número para jugar a la loto: 35.
— *Ver a uno:* se verá favorecido por la suerte en algunas operaciones de bolsa. Número para jugar a la loto: 29.

Pala: Simboliza la voluntad, la perseverancia y la consecución de las metas fijadas. Número para jugar a la loto: 8.
— *Encontrar una:* los negocios que todavía están en suspense sufrirán un desenlace decisivo. Número para jugar a la loto: 5.
— *Trabajar con una:* sus esfuerzos se verán premiados. Recibirá satisfacciones y recompensas. Número para jugar a la loto: 40.
— *Ver una:* el momento es propicio para la adquisición de una vivienda. Número para jugar a la loto: 22.

Palacio: Es sinónimo de riqueza, de protección y de adquisiciones positivas. Número para jugar a la loto: 24.

— *Comprar uno:* se verá favorecido por la suerte para la consecución de algunos contratos. Número para jugar a la loto: 8.
— *Construir uno:* verá cómo se realiza por casualidad lo que hasta ayer creía que sólo era una vaga esperanza. Número para jugar a la loto: 12.
— *Ver uno:* la diosa Fortuna se ha hecho esperar mucho pero ahora será pródiga en atenciones para usted. Número para jugar a la loto: 38.

Paleta: Véase *Pintar*.

Palio: Representa la popularidad, el éxito y el cumplimiento de los deseos. Número para jugar a la loto: 20.
— *Montar uno:* tendrá muchas ocasiones para demostrar sus capacidades reales y realizar sus deseos; no debe dejar que se le escape ninguna ocasión, por muy inoportuna que pueda parecerle. Número para jugar a la loto: 47.
— *Ver uno:* el éxito le espera con los brazos abiertos; debe coger al vuelo esta maravillosa oportunidad. Número para jugar a la loto: 34.

Palma: Representa la devoción, la gloria y la victoria. Número para jugar a la loto: 10.
— *Regalar una:* la suerte le regalará un periodo de verdadera amistad y armonía. Número para jugar a la loto: 39.
— *Tener una:* se librará de una intriga gracias a un acontecimiento fortuito. Número para jugar a la loto: 38.
— *Ver una:* todas sus aspiraciones se verán favorecidas por la suerte. Número para jugar a la loto: 24.

Palmas: Véase *Aplaudir*.

Paloma: Simboliza la paz, las buenas noticias y la resurrección. Soñar con ella anuncia acontecimientos afortunados en familia y reconciliaciones con las personas amadas. Número para jugar a la loto: 14.

Pan: Es sinónimo de abundancia, de prosperidad y de buenas amistades. Número para jugar a la loto: 9.
— *Blanco:* la persona que ama le corresponde de forma absoluta. Número para jugar a la loto: 23.
— *Comer:* un golpe de fortuna llegará por sorpresa, debe saber aprovecharse de ello a tiempo. Número para jugar a la loto: 30.
— *Comprar:* sus amigos son fieles y le ayudarán a superarse en su carrera. Número para jugar a la loto: 38.
— *Meter en el horno:* conseguirá impresionar sin duda a sus superiores. Número para jugar a la loto: 37.
— *Ver:* le espera una fabulosa aventura que concluirá con éxito. Número para jugar a la loto: 23.

Pantalón vaquero: Representa la novedad, la vanguardia, el éxito y la celebridad. Número para jugar a la loto: 9.
— *Comprar uno:* tendrá experiencias interesantes durante un viaje de trabajo. Número para jugar a la loto: 11.
— *Ponerse uno:* algunas de sus actividades necesitan innovaciones, debe pensar en ello ahora que se encuentra en el momento más favorable. Número para jugar a la loto: 9.
— *Ver uno:* no debe tener miedo, sus dudas están infundadas; todo irá bien en su profesión. Número para jugar a la loto: 14.

Pantera: Representa la potencia, la agresividad y el coraje. Número para jugar a la loto: 31.
— *Adiestrar una:* se le presentará una gran ocasión para alcanzar la notoriedad. Número para jugar a la loto: 10.
— *Cuidar a una:* en su trabajo se abrirán nuevos horizontes muy favorables. Número para jugar a la loto: 11.
— *Ver una:* detectará una actividad que se revelará muy rentable. Número para jugar a la loto: 45.

Paquete: Representa los descubrimientos, las novedades y los hechos inhabituales e imprevisibles. Número para jugar a la loto: 32.

— *Abrirlo:* alcanzará la agilidad a través de una acción poco ortodoxa pero afortunada. Número para jugar a la loto: 13.
— *Darlo:* recibirá grandes manifestaciones de afecto de personas que conoce desde hace poco. Número para jugar a la loto: 44.
— *Enviarlo:* conseguirá recoger los frutos de su empeño. Número para jugar a la loto: 14.
— *Recibirlo:* la fortuna le dará una mano ayudándole a superar riesgos debidos a su costumbre de correr demasiado. Número para jugar a la loto: 11.

Paracaídas: Representa la protección, pero también la temeridad y el espíritu combativo. Número para jugar a la loto: 40.
— *Utilizar uno:* estrechará lazos de unión muy importantes que le permitirán concluir buenos negocios. Números para jugar a la loto: 8.
— *Ver uno:* podrá contar con un grato cambio de fortuna. Número para jugar a la loto: 9.

Paraguas: Representa la protección, las buenas amistades y los sentimientos sinceros. Número para jugar a la loto: 31.
— *Cerrarlo:* ocurrirán hechos importantes que darán un giro positivo a su vida. Número para jugar a la loto: 7.
— *Comprarlo:* recibirá, en una situación crítica, muchas pruebas de afecto y de amistad. Número para jugar a la loto: 6.
— *Verlo:* obtendrá grandes ventajas de una buena acción cumplida sólo con espíritu humanitario. Número para jugar a la loto: 45.

Parlamento: Representa el poder, la justicia y las ayudas económicas. Número para jugar a la loto: 38.
— *Estar en él:* ganará una beca o un concurso. Número para jugar a la loto: 14.
— *Formar parte de él:* un proyecto suyo recibirá una respuesta positiva y le permitirá aumentar sus ganancias. Número para jugar a la loto: 11.

— *Verlo:* tiene el viento en popa y puede alcanzar todos sus objetivos. Número para jugar a la loto: 7.

Parque: Es sinónimo de tranquilidad, de sabiduría y de opulencia. Número para jugar a la loto: 25.
— *Pasear en uno:* llevará a término un trabajo comprometedor que no creía que conseguiría acabar. Número para jugar a la loto: 7.
— *Tener uno:* superará de forma brillante las pruebas que el futuro le destina. Número para jugar a la loto: 9.
— *Ver uno:* resolverá felizmente algunos problemas que atañen a sus hijos. Número para jugar a la loto: 39.

Pasaporte: Representa los viajes, las conquistas y la libertad. Número para jugar a la loto: 45.
— *Buscarlo:* la suerte ha decidido favorecerle, pero debe tener cuidado con los pasos en falso. Número para jugar a la loto: 13.
— *Tramitarlo:* ha tomado la decisión justa, esa persona es adecuada para usted. Número para jugar a la loto: 12.
— *Retirarlo:* quien le presiona ha quedado subyugado por su encanto. Número para jugar a la loto: 9.
— *Verlo:* los viajes por trabajo le proporcionarán la ocasión para obtener grandes éxitos. Número para jugar a la loto: 14.

Pasear: Simboliza la disponibilidad, los acontecimientos afortunados y las compañías útiles. Número para jugar a la loto: 27.
— *Con amigos:* fundará una sociedad que se revelará muy productiva. Número para jugar a la loto: 13.
— *Con animales:* gozará de la absoluta fidelidad y estima de sus colaboradores. Número para jugar a la loto: 12.
— *Con parientes:* un pariente le proporcionará la ocasión para desarrollar una actividad verdaderamente rentable. Número para jugar a la loto: 16.
— *Con personas desconocidas:* le espera una sorpresa que le hará feliz. Número para jugar a la loto: 7.

Pasta: Es sinónimo de negocios, de consecución de los propios objetivos, de alivio. Número para jugar a la loto: 24.
— *Cocerla:* aliviará a una persona amiga que le recompensará con enorme gratitud. Número para jugar a la loto: 46.
— *Comerla:* sus negocios prosperan de forma absoluta y muy productiva. Número para jugar a la loto: 45.
— *Comprarla:* encontrará un camino de salida a una situación muy intrincada. Número para jugar a la loto: 8.
— *Verla:* llevará a término una venta que le había dado muchas preocupaciones. Número para jugar a la loto: 38.

Pasteles: Representan la satisfacción, el deseo y la espera. Número para jugar a la loto: 43.
— *Comerlos:* su entendimiento con la pareja resultará perfectamente equilibrado tanto en el plano físico como en el espiritual. Número para jugar a la loto: 9.
— *Comprarlos:* ha llegado el momento de perder el miedo y jugárselo todo, porque la fortuna le ayudará. Número para jugar a la loto: 8.
— *Verlos:* el éxito llamará muy pronto a su puerta; tenga un poco de paciencia: hay que esperar todavía un poco más. Número para jugar a la loto: 11.

Pastizal: Representa el éxito, la revancha y la abundancia. Número para jugar a la loto: 37.
— *Conducir animales allí:* encontrará lo que desea lo más pronto posible. Número para jugar a la loto: 2.
— *Estar en uno:* su porvenir está protegido por la diosa Fortuna. Número para jugar a la loto: 13.
— *Ver uno:* le esperan considerables gratificaciones. Número para jugar a la loto: 6.

Pastor: Representa la inocencia, la paciencia y el mando. Número para jugar a la loto: 34.

— *Encontrarse con uno:* realizará sin duda una de sus aspiraciones secretas. Número para jugar a la loto: 17.
— *Hablar con uno:* una controversia le dará plena satisfacción. Número para jugar a la loto: 9.
— *Ser uno:* conducirá a puerto de forma muy ventajosa las negociaciones en las que está interesado. Número para jugar a la loto: 9.
— *Ver a uno:* ha hecho bien esperando durante todo este tiempo; ahora todas sus decisiones resultarán favorecidas por la suerte. Número para jugar a la loto: 48.

Patas: En las prácticas de magia y de brujería las patas han asumido siempre un papel muy importante ya que, según los animales a los que pertenecían, se podían construir amuletos y talismanes adecuados a cada necesidad. Números para jugar a la loto: 16 y 24.
Las patas más adecuadas y más importantes son las siguientes:
— *De águila:* para proporcionar potencia. Números para jugar a la loto: 37 y 45.
— *De antílope:* para dar bienestar. Números para jugar a la loto: 7 y 8.
— *de conejo:* para conseguir fortuna. Números para jugar a la loto: 39 y 47.
— *De gallo:* para dotar de previsión y de sabiduría. Números para jugar a la loto: 30 y 38.
— *De lobo:* para alejar el mal de ojo. Números para jugar a la loto: 27 y 35.
— *De rebeco:* para procurar la energía que necesita. Números para jugar a la loto: 5 y 42.
— *De tigre:* para dar fuerza y valentía para afrontar sus problemas. Números para jugar a la loto: 7 y 8.
Soñar con ellas augura buenos resultados y su significado es el mismo que el que se describe para los amuletos. Número para jugar a la loto: 9.

Pavo: Representa la fortuna, el dominio y los cambios agradables. Número para jugar a la loto: 12.

— *Cocinarlo:* encontrará la solución a los problemas la casa y de la familia. Número para jugar a la loto: 42.
— *Comerlo:* vivirá veladas muy alegres en las que se convertirá en el centro de atención. Número para jugar a la loto: 33.
— *Comprarlo:* recuperará viejos créditos que ya creía incobrables. Número para jugar a la loto: 41.
— *Limpiarlo:* su relación se resolverá con la convivencia o con el matrimonio. Número para jugar a la loto: 46.
— *Verlo:* ha llegado el momento para usted de poder realizar un proyecto importante. Número para jugar a la loto: 26.

Peinar: Simboliza la paciencia, la constancia y los objetivos conseguidos. Número para jugar a la loto: 30.
— *La barba:* alcanzará la sabiduría y la paz interior. Número para jugar a la loto: 43.
— *A un hombre:* se reconocerán sus méritos y esto le llevará a obtener una promoción muy ventajosa en su trabajo. Número para jugar a la loto: 13.
— *A una mujer:* la fortuna le ayudará a superar problemas gravosos. Número para jugar a la loto: 49.
— *A un niño:* vivirá momentos muy felices con la persona amada. Número para jugar a la loto: 6.
— *A personas desconocidas:* encontrará la solución justa para aquellas cuestiones que le preocupan en exceso. Número para jugar a la loto: 10.

Peladillas: Simbolizan la salvación, la fecundidad y el deseo de evasión. Número para jugar a la loto: 36.
— *Comer:* le espera un aumento de categoría. Número para jugar a la loto: 12.
— *Comprar:* una nueva perspectiva le aportará la serenidad que hace tiempo que busca. Número para jugar a la loto: 11.
— *Ver:* conseguirá superar todos los obstáculos que se interponen entre usted y lo que desea. Número para jugar a la loto: 5.

Película: Representa la fantasía, la sensibilidad y la inteligencia. Número para jugar a la loto: 26.
— *Rodarla:* su vida sufrirá cambios y muy pronto recibirá grandes satisfacciones. Número para jugar a la loto: 49.
— *Verla:* ¡cuidado! No debe abandonar precisamente ahora una iniciativa empezada quizá sólo como un juego, porque está destinada a producir grandes ventajas. Número para jugar a la loto: 40.

Pelota: Representa la sexualidad y los retrasos así como las decisiones imprevistas y afortunadas. Número para jugar a la loto: 25.
— *Botarla:* su situación profesional discurrirá sobre vías favorables. Número para jugar a la loto: 12.
— *Recogerla:* encontrará el valor necesario para superar pequeños malestares que le habían molestado. Número para jugar a la loto: 9.
— *Regalarla:* debe poner fin a todas las incertidumbres y reconsideraciones. Están a punto de llegarle novedades muy importantes. Número para jugar a la loto: 9.

Pentáculo: En los tiempos antiguos este tipo de talismán lo utilizaban los nigromantes y los astrólogos para que con sus fuerzas positivas protegiera a quien lo poseía de malas influencias y proporcionar alegría y fortuna. En general se grababa en pergamino o sobre distintos tipos de metal y tenía que llevarse siempre encima. El más famoso es el sello de Salomón, del que se cuenta que proporcionaba sabiduría, clarividencia y larga vida. Soñar con un pentáculo es signo de gran fortuna para el soñador que conseguirá obtener todo lo que desea. Número para jugar a la loto: 32.

Pequeño restaurante: Representa la fortuna, la alegría, las compañías adecuadas y la abundancia. Número para jugar a la loto: 15.
— *Comer en uno:* la prosperidad llamará a su puerta. Número para jugar a la loto: 9.
— *Estar en uno:* conseguirá llevar a buen fin operaciones especulativas. Número para jugar a la loto: 9.

— *Tener uno:* dispondrá de colaboradores válidos que le ayudarán a llevar a término un trabajo importante. Número para jugar a la loto: 8.
— *Ver uno:* encontrará el equilibrio perfecto en una amistad sólida. Número para jugar a la loto: 2.

Pergamino: Representa los legados, los tesoros encontrados y la felicidad conseguida. Número para jugar a la loto: 43.
— *Encontrar uno:* una persona que le aprecia pero que desea mantener el secreto, pensará en su futuro. Número para jugar a la loto: 13.
— *Escribir en uno:* sus empresas resultarán importantes y le llevarán al éxito. Número para jugar a la loto: 11.
— *Leer uno:* reencontrará seguramente lo que había perdido. Número para jugar a la loto: 7.
— *Ver uno:* una preocupación que le apremia se resolverá de forma brillante. Número para jugar a la loto: 12.

Periódico: Representa las novedades, los cambios positivos y las noticias inesperadas. Número para jugar a la loto: 5.
— *Encontrar uno:* por fin le concederán el préstamo que esperaba para resolver una situación comprometida. Número para jugar a la loto: 11.
— *Leer uno:* conseguirá utilizar con habilidad algunos conocimientos para llevar hacia adelante sus proyectos. Número para jugar a la loto: 14.
— *Vender uno:* superará los obstáculos que le impedían profundizar una amistad que le importa mucho. Número para jugar a la loto: 13.
— *Ver uno:* tendrá muchas ocasiones para satisfacer sus aspiraciones. Número para jugar a la loto: 10.

Permiso: Representa el trabajo, la superación de los sacrificios y la libertad económica. Número para jugar a la loto: 40.

— *Pedir uno:* los proyectos que tiene en mente madurarán de forma muy conveniente. Número para jugar a la loto: 7.
— *Tener uno:* la fortuna le dará la capacidad de ganar mucho. Número para jugar a la loto: 15.
— *Ver uno:* debe tomar una decisión referente a sus estudios porque conseguirá llevarla a término. Número para jugar a la loto: 9.

Perro: Simboliza la fidelidad, el amor sincero y la abnegación. Número para jugar a la loto: 28.
— *De caza:* todo lo que emprenderá repercutirá en un inmediato éxito. Número para jugar a la loto: 36.
— *De guardia:* el amor que la pareja le aporta es apasionado y todos sus amigos son sinceros. Número para jugar a la loto: 13.

Perseguir: Simboliza el coraje y la audacia. Número para jugar a la loto: 9.
— *Animales:* será objeto de excitantes aventuras amorosas en las que la sensualidad estará unida al sentimiento. Número para jugar a la loto: 12.
— *Personas:* las circunstancias le ayudarán para conseguir un ascenso en su carrera. Número para jugar a la loto: 14.
— *Vehículos:* vivirá un periodo en el que estará favorecido por la diosa Fortuna y durante el cual conseguirá cosechar satisfacciones tanto para el trabajo como para la vida privada. Número para jugar a la loto: 14.

Pesar: Simboliza el juicio, la revancha y la consecución de los propios fines. Número para jugar a la loto: 26.
— *Animales:* la suerte le ayudará para que pueda alcanzar una mejora económica. Número para jugar a la loto: 11.
— *Carne:* está a punto de llegarle una noticia que le hará feliz. Número para jugar a la loto: 45.
— *Oro:* está destinado a ser un ganador. Número para jugar a la loto: 41.

- *Personas:* participará en un trabajo de equipo muy importante cuyos resultados le otorgarán un considerable prestigio. Número para jugar a la loto: 13.
- *Pescado:* conseguirá ascender rápidamente en el campo social. Número para jugar a la loto: 11.
- *Uno mismo:* debe tener más confianza en sus capacidades porque muy pronto se le reconocerán públicamente. Número para jugar a la loto: 6.
- *Verdura:* encontrará a la persona que confortará sus dolores. Número para jugar a la loto: 8.

Pescado: Representa el renacimiento, el infinito y las acciones afortunadas. Número para jugar a la loto: 30.
- *Cocinar:* posiblemente le regalarán unas vacaciones fabulosas. Número para jugar a la loto: 6.
- *Comer:* obtendrá seguramente la fama, la gloria y el éxito. Número para jugar a la loto: 6.
- *Comprar:* no debe tener miedo, la diosa Fortuna está de su lado. Número para jugar a la loto: 14.
- *Ver:* alcanzará la plena estabilidad emotiva y física. Número para jugar a la loto: 44.

Pescar: Representa el trabajo, los estudios llevados a buen término, los compromisos y los amores correspondidos. La persona que efectúa este tipo de sueño, tanto si cumple la acción o ve cómo se cumple, resultará ser una persona muy afortunada, capaz de obtener reconocimientos y éxitos en todos los campos de la vida en los que se medirá. Número para jugar a la loto: 29.

Petirrojo: Entre las aves, es la que se considera más afortunada, portadora de buenas noticias y de acontecimientos alegres. Número para jugar a la loto: 9.
- *Acariciar a uno:* la suerte se revelará benigna con usted y le dará un gran amor. Número para jugar a la loto: 13.

— *Alimentar a uno:* cada esperanza suya se verá rápidamente atendida. Número para jugar a la loto: 11.
— *Cuidar de uno:* recibirá de forma inesperada una gran suma de dinero. Número para jugar a la loto: 16.
— *Ver a uno:* un mensaje inusitado se convertirá en el preludio de un encuentro prometedor. Número para jugar a la loto: 14.

Piano: Representa la habilidad, la constancia y los amores apasionados. Número para jugar a la loto: 22.
— *Afinar uno:* emprenderá con éxito una nueva actividad. Número para jugar a la loto: 49.
— *Comprar uno:* no sufrirá nunca obstáculos en sus asuntos del corazón. Número para jugar a la loto: 6.
— *Tocar uno:* encontrará de nuevo un amor que creía haber perdido para siempre. Número para jugar a la loto: 46.
— *Ver uno:* su situación económica sufrirá considerables mejoras. Número para jugar a la loto: 36.

Pie: Indica la valentía, la versatilidad y el éxito. Número para jugar a la loto: 28.
— *Ver las plantas de los pies:* avanzará mucho. Número para jugar a la loto: 10.

Piel: Es sinónimo de riqueza, de protecciones influyentes, de avidez. Número para jugar a la loto: 20.
— *Colocarse una:* un querido y rico pariente suyo volverá de improviso y le colmará de regalos. Número para jugar a la loto: 11.
— *Comprar una:* ganará el primer premio de un concurso. Número para jugar a la loto: 49.
— *Ver una:* tiene que tener paciencia y esperar, la riqueza llegará inesperadamente. Número para jugar a la loto: 34.

Piloto: Representa la habilidad, la audacia, la fuerza moral. Número para jugar a la loto: 32.

— *Encontrar uno:* sus proyectos llegarán a término del mejor modo posible. Número para jugar a la loto: 11.
— *Hablar con uno:* le espera mucha fortuna, tanto para el amor como para los negocios. Número para jugar a la loto: 7.
— *Ser uno:* gozará siempre de buena salud. Número para jugar a la loto: 7.
— *Ver a uno:* destapará con habilidad una trama urdida para perjudicarle. Número para jugar a la loto: 46.

Pintalabios: Representa la curiosidad, la seguridad, la alegría y la fascinación. Número para jugar a la loto: 7.
— *Comprar uno:* su relación de pareja es ardiente y apasionada y será correspondido en igual medida. Número para jugar a la loto: 9.
— *Usar:* muy pronto encontrará su alma gemela. Número para jugar a la loto: 15.
— *Ver uno:* lo que en un principio se presentaba sólo como una aventura se convertirá en un amor profundo y sincero. Número para jugar a la loto: 12.

Pintar: Es sinónimo de creatividad, de comprensión y de afabilidad. Número para jugar a la loto: 34.
Se aconseja en este caso prestar mucha atención a los colores utilizados y consultar la entrada *Colores*.
— *Un cuadro:* le espera un amor feliz y la tranquilidad económica. Número para jugar a la loto: 9.
— *Un fresco:* la fortuna ha decidido ayudarle en todos los campos. Número para jugar a la loto: 13.

Pintar al fresco: Véase *Pintar*.

Pintura: Véase *Cuadro*, *Pintar* y *Colores*.

Piña: Soñar en este fruto es un presagio muy favorable. Significa que todo lo que ha emprendido o lo que hasta ahora ha permanecido en suspense llegará a buen puerto de forma positiva. Número para jugar a la loto: 20.

Pipa: Representa los ahorros, la alegría y los buenos propósitos. Número para jugar a la loto: 20.
— *Comprarla:* conseguirá coger al vuelo una ocasión ventajosa. Número para jugar a la loto: 49.
— *Utilizarla:* pasará agradables veladas en compañía de personas de alto rango. Número para jugar a la loto: 6.
— *Verla:* resoluciones afortunadas le harán rico y famoso. Número para jugar a la loto: 34.

Pirámide: Representa el misterio, la previsión y la inteligencia. Número para jugar a la loto: 42.
— *Construir una:* le esperan años de felicidad y de gran prosperidad. Número para jugar a la loto: 12.
— *Entrar en una:* muy pronto le darán buenas noticias. Número para jugar a la loto: 11.
— *Ver una:* recibirá una noticia inesperada que le hará disfrutar mucho. Número para jugar a la loto: 11.

Piscina: Simboliza el vigor, la audacia y la renovación. Número para jugar a la loto: 38.
— *Entrar en una:* la diosa Fortuna se aliará con usted y estará preparada para satisfacer todos sus deseos. Número para jugar a la loto: 7.
— *Nadar en una:* conducirá en equipo una investigación importante y alcanzará la notoriedad. Número para jugar a la loto: 9.
— *Ver una:* su ambición se verá satisfecha, alcanzará posiciones de mando. Número para jugar a la loto: 7.

Plancha: Representa la tranquilidad, el éxito, la habilidad y la fuerza intelectual. La diosa Fortuna protege sus negocios y ganará mucho dinero fácilmente. Número para jugar a la loto: 29.

Plantas: Indican la condescendencia, el espíritu de adaptación y los riesgos superados. Número para jugar a la loto: 28.
— *Cuidarlas:* su percepción ha resultado exacta y ahora obtendrá ventajas de ello. Número para jugar a la loto: 8.
— *Plantarlas:* aunque esté corriendo riesgos estará protegido por la diosa Fortuna. Número para jugar a la loto: 10.
— *Podarlas:* a veces incluso acontecimientos negativos pueden presentar resultados afortunados, para usted sucederá así. Número para jugar a la loto: 49.
— *Verlas:* una situación que resultaba precaria se solucionará de la mejor forma posible. Número para jugar a la loto: 42.

Plátano: Simboliza la sexualidad, el amor sensual y la voluntad de ganar. Número para jugar a la loto: 24.
— *Comerse uno:* conseguirá alcanzar la meta con la persona que le interesa en amor. Número para jugar a la loto: 13.
— *Comprar uno:* tiene que saber aprovecharse de los acontecimientos positivos implicando a la persona amada. Número para jugar a la loto: 8.
— *Ver uno:* debe emprender nuevas actividades, el éxito le espera sin duda alguna. Número para jugar a la loto: 38.

Platillo volante: Simboliza las incógnitas, el futuro y la osadía. Número para jugar a la loto: 11.
— *Conducir uno:* le ofrecerán alternativas falsas, no debe tener miedo y atrapar al vuelo esta óptima ocasión. Número para jugar a la loto: 9.
— *Ver uno:* encontrará seguramente las soluciones adecuadas a todos sus problemas. Número para jugar a la loto: 7.

Platos: Representan las entradas, los deberes y los consejos útiles. Número para jugar a la loto: 28.
— *Decorarlos:* sabrá llegar con mucha determinación al éxito en sus negocios. Número para jugar a la loto: 14.

— *Lavarlos:* la abundancia visitará su casa. Número para jugar a la loto: 40.
— *Llenarlos:* su patrimonio personal aumentará considerablemente gracias a un verdadero golpe de fortuna. Número para jugar a la loto: 46.

Playa: Simboliza las buenas amistades, las relaciones sociales y el merecido reposo. Número para jugar a la loto: 14.
— *Estar en una:* ampliará su círculo de amistades y esto favorecerá de forma ventajosa su trabajo. Número para jugar a la loto: 44.
— *Ver una:* un acontecimiento extraño e inesperado llevará a su familia la felicidad y el bienestar. Número para jugar a la loto: 28.

Polenta: Es sinónimo de abundancia, de voluntad y de lucha. Número para jugar a la loto: 28.
— *Comer:* un acontecimiento insólito y misterioso le traerá todo lo que deseaba desde hace tiempo. Número para jugar a la loto: 49.
— *Comprar:* encontrará en su familia una felicidad completa. Número para jugar a la loto: 12.
— *Ver:* sus entradas aumentarán gracias a un afortunado triunfo en el juego. Número para jugar a la loto: 42.

Policía: Personifica el orden, el deber y la ambición. Número para jugar a la loto: 32.
— *Encontrarse uno:* sus superiores se han fijado en usted y le aprecian por la voluntad y el coraje demostrados. Número para jugar a la loto: 15.
— *Hablar con uno:* este es para usted un periodo muy afortunado en el que podrá triunfar en todo. Número para jugar a la loto: 7.
— *Ser uno:* encontrará el coraje necesario para superar pequeñas adversidades que le molestan. Número para jugar a la loto: 7.
— *Ver a uno:* conseguirá la victoria sobre falsos amigos que engañosamente han intentado traicionarle. Número para jugar a la loto: 46.

Postal: Es sinónimo de buenas noticias, de regalos y de pensamientos afectuosos. Número para jugar a la loto: 28.
— *Mandar una:* un regalo inesperado le hará entender que es deseado. Número para jugar a la loto: 46.
— *Recibir una:* gozará de un periodo muy propicio para los afectos. Número para jugar a la loto: 7.

Potro: Representa la fuerza impetuosa, la juventud, la vivacidad y las ganas de vivir. Número para jugar a la loto: 29.
— *Cabalgar sobre uno:* conseguirá resistir a un matón arrogante que quería desfigurarle ante sus superiores. Número para jugar a la loto: 7.
— *Comprar uno:* no debe angustiarse por las primeras arrugas, su belleza resplandece como siempre. Número para jugar a la loto: 13.
— *Criar uno:* está firmemente decidido a abrirse camino y lo conseguirá. Número para jugar a la loto: 11.
— *Ver uno:* usted y sus familiares gozarán de muy buena salud. Número para jugar a la loto: 43.

Pozo: Es sinónimo de misterio y de cambios. Número para jugar a la loto: 16.
— *Excavar uno:* finalmente podrá permitirse hacer «locuras» porque sus ingresos aumentarán considerablemente. Número para jugar a la loto: 43.
— *Utilizar uno:* disfrutará de aventuras amorosas excitantes en las que la sexualidad se unirá al sentimiento. Número para jugar a la loto: 11.
— *Ver uno:* la suerte le favorecerá realizando sus deseos más secretos. Número para jugar a la loto: 30.

Prado: Véase *Hierba*.

Presagio: Véase *Adivinación*.

Príncipe: Representa la intuición, la bondad, la fuerza de ánimo y la autoridad. Número para jugar a la loto: 46.
— *Ser uno:* obtendrá apoyos influyentes gracias a una buena acción realizada casi sin preocuparse. Número para jugar a la loto: 12.
— *Ver uno:* no debe amargarse porque sus hijos le darán grandes satisfacciones. Número para jugar a la loto: 6.

Puente: Simboliza los periodos de transición, los esfuerzos y los proyectos conducidos a buen término. Número para jugar a la loto: 28.
— *Atravesar uno:* ascenderá rápidamente en el campo social. Número para jugar a la loto: 15.
— *Construir uno:* ha conseguido poner las bases para obtener un futuro muy esperanzador. Número para jugar a la loto: 16.
— *Ver uno:* la suerte será benigna con usted. Número para jugar a la loto: 42.

Puerta: Representa el éxito, los triunfos y los buenos contactos. Número para jugar a la loto: 28.
— *Abrirla:* el camino se allanará gracias a personas que le tomarán bajo su protección. Número para jugar a la loto: 9.

Puerto: Representa las ansiedades superadas, la tranquilidad y el retorno. Número para jugar a la loto: 31.
— *Entrar en uno:* recuperará con alegría amistades que había perdido. Número para jugar a la loto: 9.
— *Ver uno:* un amigo le ayudará a recuperar la alegría de vivir. Número para jugar a la loto: 45.

Pulsera: Representa el amor, el deseo, la comprensión y los afectos sinceros. Número para jugar a la loto: 28.
— *Colocarse una:* conseguirá conquistar seguramente a la persona que quiere tanto. Número para jugar a la loto: 10.
— *Regalar una:* le espera un periodo muy propicio para todos los asuntos del corazón. Número para jugar a la loto: 12.

Q

Quemar: Representa el amor ardiente, la pasión, el erotismo y la compensación. Número para jugar a la loto: 22.
— *Comida:* los problemas que tiene los ha creado con su fantasía; la época es, en cambio, muy favorable para las respuestas amorosas. Número para jugar a la loto: 45.
— *Madera:* su pareja le ama apasionadamente y le es completamente fiel. Número para jugar a la loto: 42.
— *Papel:* tiene poca confianza en sus capacidades a pesar de que hay muchas personas que creen en usted. Número para jugar a la loto: 39.

Quiosco: Representa la inteligencia, la información pero también los rumores. Número para jugar a la loto: 35.
— *Ir allí:* el futuro le reserva riqueza y prosperidad. Número para jugar a la loto: 6.
— *Trabajar en uno:* muy pronto sus negocios se verán incrementados gracias a las ocasiones favorables. Número para jugar a la loto: 13.
— *Ver uno:* su perspicacia se verá finalmente reconocida, se le dará una posición elevada. Número para jugar a la loto: 49.

R

Rábanos: Representan la lealtad, el trabajo y el porvenir. Número para jugar a la loto: 26.
— *Comer:* su futuro se encuentra bajo óptimos auspicios. Número para jugar a la loto: 47.
— *Comprar:* una misteriosa llamada de teléfono le dará la prueba de la sinceridad del ser querido. Número para jugar a la loto: 10.
— *Ver:* le ofrecerán un trabajo a primera vista aburrido; debe aceptarlo porque será para usted un excelente trampolín de lanzamiento. Número para jugar a la loto: 40.

Rabino: Representa la astucia, el ahorro, las situaciones imprevistas y las empresas financieras. Número para jugar a la loto: 26.
— *Encontrar uno:* se encontrará en una situación verdaderamente fuera de lo común, sabrá utilizar todo su discernimiento para darle la vuelta a su ventaja. Número para jugar a la loto: 14.
— *Hablar con uno:* le proporcionarán todas las informaciones necesarias para que pueda alcanzar las metas fijadas. Número para jugar a la loto: 46.
— *Ser uno:* conseguirá desenredar con extraordinaria habilidad una operación financiera ventajosa pero muy arriesgada. Número para jugar a la loto: 46.

Raíces: Son el sinónimo de larga vida, de tranquilidad y de uniones profundas. Número para jugar a la loto: 3.

— *Buscar:* volverá a estrechar las relaciones con un viejo amor y vivirá una historia muy bella. Número para jugar a la loto: 10.
— *Comer:* se han acabado para usted los tiempos sombríos, ahora todo se desarrollará de la mejor forma posible. Número para jugar a la loto: 9.
— *Ver:* su vida será serena y exenta de enfermedades dolorosas. Número para jugar a la loto: 47.

Ramas: Véase *Árbol*.

Ranas: Simbolizan una próxima fortuna, la continuidad y las diversiones. Número para jugar a la loto: 20.
— *Capturar:* conseguirá poner fin a sus incomprensiones afectivas. Número para jugar a la loto: 9.
— *Comer:* le ofrecerán perspectivas de desarrollo válidas para su actividad, que deberá aceptar sin demora. Número para jugar a la loto: 41.
— *Que croan:* unos amigos suyos le invitarán a un recibimiento muy exclusivo en el que hará encuentros interesantes. Número para jugar a la loto: 5.

Rascacielos: Representa la potencia, la fuerza y la seguridad. Número para jugar a la loto: 5.
— *Construir uno:* superará hábilmente todos los obstáculos que le separan de aquello que más anhela. Número para jugar a la loto: 2.
— *Ir a uno:* a partir de un encuentro casual nacerán las premisas para una nueva actividad que le proporcionará muchas satisfacciones. Número para jugar a la loto: 12.
— *Ver uno:* no debe tener miedo, la respuesta que estaba esperando le será favorable. Número para jugar a la loto: 10.

Raso: Representa la riqueza, la consecución de los objetivos y la ambición. Número para jugar a la loto: 20.

— *Comprar:* no debe tener miedo, el éxito está al alcance de su mano. Número para jugar a la loto: 49.
— *Coser:* establecerá las bases sólidas para su futuro económico. Número para jugar a la loto: 47.
— *Planchar:* conseguirá todos sus objetivos con insólita habilidad. Número para jugar a la loto: 49.

Rata: Representa la casa, la familia, las amistades y los peligros superados. Número para jugar a la loto: 18.
— *Capturar una:* conseguirá proteger sus intereses de cualquier acontecimiento negativo. Número para jugar a la loto: 7.
— *Ver una:* restablecerá óptimas relaciones con los hijos. Número para jugar a la loto: 32.

Rebeco: Personifica la destreza, la habilidad constructiva y la energía. Número para jugar a la loto: 26.
— *Capturar uno:* tiene que abandonar todos los temores; su salud no corre ningún peligro. Número para jugar a la loto: 6.
— *Ver uno:* reencontrará la fuerza necesaria para salir de la melancolía en la que había caído. Número para jugar a la loto: 4.

Recoger: Simboliza el éxito, la realización de los propios ideales y las uniones felices. Número para jugar a la loto: 38.
— *Flores:* alcanzará la notoriedad en el campo artístico. Número para jugar a la loto: 15.
— *Fruta:* recibirá pruebas de estima. Número para jugar a la loto: 8.
— *Grano:* la fortuna estará perpetuamente de su lado y le dará riqueza y un amor feliz. Número para jugar a la loto: 6.
— *Objetos:* tendrá la posibilidad de mejorar tanto su posición financiera como su posición social, no debe dejar que le coja por sorpresa. Número para jugar a la loto: 11.

Red: Es sinónimo de curiosidad, deseo de conquista y perseverancia. Número para jugar a la loto: 16.

— *Reparar una:* una nueva perspectiva le traerá la alegría necesaria para poder empezar desde el comienzo. Número para jugar a la loto: 49.
— *Utilizar una:* superará de forma brillante todas las pruebas a las que le someterán y conseguirá la licenciatura. Número para jugar a la loto: 1.
— *Ver una:* cuando menos se lo espere, recibirá la respuesta que tanto esperaba y que será positiva. Número para jugar a la loto: 30.

Redacción: Representa el trabajo, la voluntad, la esperanza y las ganancias. Número para jugar a la loto: 39.
— *Estar en una:* todo lo que se refiere a su esfera económica estará sujeto a mejoras. Número para jugar a la loto: 15.
— *Trabajar en una:* una persona que le interesa profesionalmente demostrará ser una amistad de confianza. Número para jugar a la loto: 8.
— *Ver una:* superará brillantemente sus actuales dificultades económicas. Número para jugar a la loto: 8.

Regalar: Simboliza la magnificencia, la superioridad y los sentimientos sinceros y altruistas. Número para jugar a la loto: 29.
— *A los amigos:* la alegría no abandonará nunca su casa y sus amistades serán sinceras. Número para jugar a la loto: 6.
— *A las personas conocidas:* gracias a un acontecimiento imprevisto sus ingresos aumentarán y se consolidarán. Número para jugar a la loto: 10.
— *A las personas desconocidas:* en su carrera le llegará lo mejor. Número para jugar a la loto: 9.
— *A los superiores:* todos le serán favorables y le depararán lo mejor en todo lo que se refiere a sus expectativas. Número para jugar a la loto: 16.

Regar: Representa la constancia, la simpatía y la seguridad. Número para jugar a la loto: 27.

— *Flores:* se encontrará con una persona que hace mucho que no ve y a la que aprecia mucho. Número para jugar a la loto: 13.
— *Huertos:* le esperan considerables mejoras económicas. Número para jugar a la loto: 15.
— *Plantas:* todo lo que deseamos lo obtendrá en el menor tiempo posible y con las mayores satisfacciones. Número para jugar a la loto: 10.
— *Prados:* tendrá todas las cartas a su favor para fascinar a la persona que quiere. Número para jugar a la loto: 11.

Regla: Representa la inteligencia, la sabiduría y las intuiciones afortunadas. Número para jugar a la loto: 21.
— *Comprar una:* no debe tener miedo porque las decisiones que ha tomado eran las correctas, ahora sólo le queda esperar los acontecimientos que seguramente serán favorables. Número para jugar a la loto: 5.
— *Utilizar una:* encontrará la solución favorable para sus problemas sentimentales. Número para jugar a la loto: 7.
— *Ver una:* una persona amiga vendrá en su ayuda y juntos resolverán una difícil situación. Número para jugar a la loto: 35.

Reinantes: Representan la grandeza, el poder y la estabilidad. Número para jugar a la loto: 5.
— *Hablar con ellos:* un nuevo acontecimiento le proyectará hacia un futuro prometedor cargado de felicidad y de satisfacciones personales. Número para jugar a la loto: 7.
— *Recibirlos:* se encontrará en un momento decisivo para su porvenir, no debe dejar que le atrape el miedo y conseguirá obrar de la forma más conveniente. Número para jugar a la loto: 11.
— *Verlos:* recibirá finalmente una respuesta positiva a una demanda de trabajo. Número para jugar a la loto: 10.

Relato: Es sinónimo de inteligencia, versatilidad y sensibilidad. Número para jugar a la loto: 27.

— *Escribir uno:* su actividad se verá estimulada por nuevas ideas que resultarán muy ventajosas. Número para jugar a la loto: 14.
— *Enviar uno:* tendrá encuentros muy interesantes que le aportarán nuevos estímulos. Número para jugar a la loto: 9.
— *Leer uno:* goza de la estima de sus superiores y de la simpatía de sus colegas. Número para jugar a la loto: 45.

Reloj: Representa la perseverancia, la acción y la obstinación. Número para jugar a la loto: 20.
— *Antiguo:* la diosa Fortuna le ayudará a huir de un peligro. Número para jugar a la loto: 9.
— *Comprar uno:* debe guardar bien sus propósitos, sólo de esta forma conseguirá vencer a todos los envidiosos. Número para jugar a la loto: 49.
— *Consultar uno:* su espera se verá premiada por una respuesta más que convincente. Número para jugar a la loto: 12.
— *Solar:* debe continuar trabajando porque se preparan para usted grandes posibilidades de carrera. Número para jugar a la loto: 41.
— *Ver uno:* aunque el tiempo discurre lentamente, la fortuna se está acercando cada vez más. Número para jugar a la loto: 34.

Remendar: Representa las soluciones felices, la capacidad de discernimiento y la voluntad constructiva. Número para jugar a la loto: 34.
— *La indumentaria de otros:* restablecerá buenas relaciones en su ambiente de trabajo demasiado sacudido por cuestiones sindicales. Número para jugar a la loto: 14.
— *La propia indumentaria:* no debe dramatizar si su trabajo en este momento va un poco al ralentí, muy pronto conseguirá llevar la situación a una normalidad satisfactoria. Número para jugar a la loto: 11.
— *Ver:* resolverá muy pronto cuestiones legales que le asaltaban desde hace tiempo. Número para jugar a la loto: 17.

Remolacha: Representa la sinceridad, la ambición y la firmeza de ánimo. Número para jugar a la loto: 32.
— *Comer una:* todas sus empresas relacionadas con el trabajo darán un gran paso hacia delante. Número para jugar a la loto: 8.
— *Comprar una:* sus dotes serán reconocidas y valoradas. Número para jugar a la loto: 7.
— *Ver una:* ambicionará el éxito que sin lugar a dudas conseguirá alcanzar. Número para jugar a la loto: 46.

Repertorio: Véase *Lista*.

Representante: Es sinónimo de elocuencia, de escalada hacia el éxito y de acciones afortunadas. Número para jugar a la loto: 9.
— *Encontrar a uno:* superará los obstáculos debidos a la puesta en marcha de una invención suya. Número para jugar a la loto: 6.
— *Hablar con uno:* una persona que ha conocido hace poco resultará muy simpática y muy amiga. Número para jugar a la loto: 11.
— *Ser uno:* ningún imprevisto turbará sus proyectos, que resolverá de la mejor forma posible. Número para jugar a la loto: 11.

Reproducir: Véase *Dibujar* y *Pintar*.

Requesón: Representa la simpatía, la novedad y la alegría. Número para jugar a la loto: 39.
— *Comer:* este periodo es favorable a toda iniciativa, debe aprovecharlo para tomar esas decisiones que por pereza y un poco de miedo hasta ahora ha aplazado. Número para jugar a la loto: 6.
— *Comprar:* en el campo amoroso sucederán agradables e interesantes novedades. Número para jugar a la loto: 14.
— *Ver:* vivirá momentos muy tiernos y divertidos con la persona que ama. Número para jugar a la loto: 8.

Restaurador: Simboliza la gracia, el gusto y la continuación en las empresas difíciles. Número para jugar a la loto: 9.

— *Hablar a uno:* resolverá de forma feliz algunos de los problemas que últimamente le habían angustiado. Número para jugar a la loto: 11.
— *Ser uno:* tiene que actuar con habilidad ante cualquier resolución que deba tomar en este momento porque resultará afortunada. Número para jugar a la loto: 11.
— *Ver a uno:* su ambición se verá satisfecha. Número para jugar a la loto: 14.

Retama: Esta flor representa la fortuna en todos los campos. Soñar con ella aporta considerables incrementos en los negocios y conquistas en el campo amoroso. Número para jugar a la loto: 25.

Reunir: Es sinónimo de mando, de prontitud de espíritu y de sagacidad. El sueño es de buen presagio para el trabajo y anuncia una carrera fulgurante. Número para jugar a la loto: 32.

Rezar: Representa la serenidad, el final de las angustias y de las dudas. Número para jugar a la loto: 26.
— *En casa:* la fortuna le ayudará a superar este momento crítico. Número para jugar a la loto: 39.
— *En el cementerio:* su trabajo ha impresionado a sus superiores, que le echarán una mano para descargarle de algunos problemas familiares. Número para jugar a la loto: 15.
— *En la iglesia:* encontrará el coraje para llevar a término lo que había dejado en suspense. Número para jugar a la loto: 12.

Riendas: Representan la posesión, las relaciones en evolución y la guía segura. Número para jugar a la loto: 37.
— *Comprar:* todo lo que se ha propuesto lo alcanzará y le proporcionará grandes satisfacciones. Número para jugar a la loto: 12.
— *Utilizar:* la diosa Fortuna está de su parte, desde este momento puede arriesgarse en todo porque obtendrá siempre la victoria. Número para jugar a la loto: 14.

— *Ver:* para las personas solteras está próximo un fabuloso encuentro; para las personas comprometidas el matrimonio es inminente. Número para jugar a la loto: 6.

Rinoceronte: Representa la fuerza, la testarudez y la consecución de los objetivos prefijados. Número para jugar a la loto: 14.
— *Capturar uno:* conseguirá aportar un fuerte incremento a sus actividades. Número para jugar a la loto: 12.
— *Ver uno:* debe atreverse al todo por el todo. Está favorecido por la fortuna y nada podrá salir mal. Número para jugar a la loto: 10.

Riñones: Simbolizan la ambición, el orgullo y las capacidades intelectivas. Número para jugar a la loto: 41.
— *Cocinar:* su orgullo herido por una persona arrogante recibirá la satisfacción correcta. Número para jugar a la loto: 8.
— *Comer:* se le dará la posibilidad de sobresalir entre sus colegas de trabajo. Número para jugar a la loto: 8.
— *Comprar:* tiene miedo equivocadamente de no agradar a la gente, se dará cuenta muy pronto de que es una persona estimada y deseada. Número para jugar a la loto: 7.
— *Ver:* conseguirá hacer valer sus razones en una reunión de trabajo. Número para jugar a la loto: 10.

Rocas: Representan las pruebas superadas, las metas y los éxitos. Número para jugar a la loto: 23.
— *Subirse en ellas:* le espera un periodo económico próspero y una amistad sincera y duradera. Número para jugar a la loto: 9.
— *Ver:* superará todos los obstáculos que le separan de lo que más ambiciona. Número para jugar a la loto: 37.

Rocío: Representa la amabilidad, la poesía, la inocencia y el renacimiento espiritual. En el sueño anuncia el éxito sobre todos los acontecimientos negativos que pueden desconcertar el ánimo y la vida del soñador. Número para jugar a la loto: 27.

Rododendro: Esta planta, comúnmente llamada *rosa de los Alpes*, representa la voluntad, el éxito y la consecución de los deseos. Soñar con ella es siempre de óptimo auspicio y anuncia grandes fortunas tanto para los negocios como para el amor. Número para jugar a la loto: 46.

Rojo: Véase *Colores*.

Romero: En el lenguaje amoroso significa «no te olvides de mí». Los cíngaros lo consideran un potente talismán para todas las cuestiones amorosas y se aconseja regalarlo al propio enamorado para que el amor y el deseo recíprocos no cambien con el tiempo.

Soñar con él anuncia que su pareja posee sentimientos sinceros que perdurarán. Número para jugar a la loto: 29.

Rosa: Esta flor es la preferida de los enamorados. En el lenguaje de las flores significa «te amo» y por esta razón se regala a la persona que se ama. Representa también la pasión, la felicidad y los encuentros románticos. Soñar con ella es siempre un buen presagio (sobre todo para una mujer) e indica que se es objeto de un amor ardiente que resiste al tiempo. Números para jugar a la loto: 20 y 28.

Roturar: Representa los esfuerzos, la constancia y los buenos propósitos. El sueño es muy favorable sobre todo para los comerciantes, los campesinos y los mercaderes de animales; presagia loables ganancias, buenas cosechas y negocios ventajosos. Número para jugar a la loto: 36.

Rubí: Esta bonita piedra de color purpúreo ha sido siempre el símbolo de la felicidad, de la fortuna, de la pasión y el impulso. Los antiguos le atribuían el poder de alejar la melancolía, de preservar de las acciones de los venenos, de prevenir las enfermedades contagiosas, de esquivar las acciones insólitas. Soñar con ella es siempre un bonito presagio que indica el nacimiento de un gran amor y la consecución de todas sus aspiraciones. Número para jugar a la loto: 19.

Ruda: En la Edad Media se consideraba un talismán eficaz contra la brujería. Soñar con ella significa que superará todos los obstáculos que le separan de la meta anhelada. Número para jugar a la loto: 13.

Rueda: Representa la perfección, la renovación y la fortuna. Número para jugar a la loto: 18.
— *De automóvil:* en familia encontrará agradables novedades y encuentros inesperados. Número para jugar a la loto: 6.
— *Cambiar una:* superará esas dificultades que le habían apretado contra las cuerdas. Número para jugar a la loto: 43.
— *De carro:* tendrá ganancias extras llovidas precisamente del cielo. Número para jugar a la loto: 40.
— *Que gira:* le espera un periodo económico próspero y amistades sinceras y duraderas. Número para jugar a la loto: 9.

Ruibarbo: Representa los remedios, los proyectos y las ganancias. Número para jugar a la loto: 33.
— *Comprar:* debe aceptar sin dudar algunos cambios profesionales que se revelarán satisfactorios. Número para jugar a la loto: 8.
— *Recolectar:* se le presentará un periodo muy favorable para emprender nuevas transacciones comerciales. Número para jugar a la loto: 15.
— *Ver:* la colaboración de un colega hará más fáciles y estables sus ingresos. Número para jugar a la loto: 47.

Ruiseñor: Representa las buenas noticias, los amores correspondidos y la bondad de ánimo. Número para jugar a la loto: 46.
— *Alimentar uno:* todo aquello que más deseamos se cumplirá muy pronto. Número para jugar a la loto: 12.
— *Que canta:* una persona que ha perdido de vista pero que el destino le ayudará a recuperar le recuerda aún con afecto. Número para jugar a la loto: 12.
— *Ver uno:* hará una buena acción y esto le traerá mucha fortuna. Número para jugar a la loto: 6.

S

Sábana: Simboliza el orden, la constancia y la voluntad. Número para jugar a la loto: 16.
— *Comprar una:* encontrará de nuevo el coraje y el empuje necesarios para llegar a la solución de su problema. Número para jugar a la loto: 45.
— *Envolverse en una:* no debe rendirse. Todo aquello en lo que sueña se cumplirá. Número para jugar a la loto: 13.
— *Utilizar una:* su trabajo dará buenos frutos y las ganancias aumentarán considerablemente. Número para jugar a la loto: 11.
— *Ver una:* cada una de sus ambiciones se cumplirá. Número para jugar a la loto: 30.

Sable: Véase *Espada*.

Sacerdote: Véase *Abad*.

Saco: Representa las ocasiones favorables, la abundancia y las ventajas económicas. Número para jugar a la loto: 16.
— *Llenar uno:* realizará muy pronto una aspiración secreta. Número para jugar a la loto: 34.
— *Transportar uno:* su esfuerzo será reconocido por sus superiores, que le alabarán. Número para jugar a la loto: 14.
— *Ver uno:* conseguirá prosperar muy pronto. Número para jugar a la loto: 30.

Sacristán: Representa la experiencia, el juicio, la ayuda y la tranquilidad económica. Número para jugar a la loto: 49.
— *Encontrarse con uno:* recibirá de forma inesperada una gran suma de dinero. Número para jugar a la loto: 4.
— *Hablar con uno:* sus estudios y sus proyectos están sujetos a cambios positivos que darán de inmediato muy buenos resultados. Número para jugar a la loto: 15.
— *Ser uno:* encontrará en sí mismo la fuerza necesaria para superar momentos de inestabilidad económica. Número para jugar a la loto: 15.
— *Ver a uno:* no debe tener miedo, las cuestiones de interés que han quedado en suspenso se resolverán con ventaja para usted. Número para jugar a la loto: 9.

Sacristía: Simboliza la paz, la laboriosidad y la dedicación. Número para jugar a la loto: 10.
— *Entrar en una:* un acontecimiento imprevisto se revelará muy importante para sus decisiones futuras. Número para jugar a la loto: 15.
— *Ver una:* alcanzará el bienestar económico y le amarán con sinceridad. Número para jugar a la loto: 15.

Saeta: Es sinónimo de premonición, de riqueza y de libertad. Soñar con una saeta constituye siempre un excelente presagio porque significa que su vida está sujeta a acontecimientos, quizás imprevistos y a primera vista fulgurantes, que traerán cambios considerables y ventajosos. Número para jugar a la loto: 24.

Salamandra: Es el símbolo de la vida y de la universalidad de las cosas. Antiguamente se creía que este animal era inmune a las quemaduras del fuego y por ello se le consideraba sagrado y representaba la potencia de las fuerzas positivas sobre las negativas. Soñar en ella trae fortuna en los negocios y en todas las empresas arriesgadas. Número para jugar a la loto: 22.

Salchichón: Representa la energía, la continuidad y la sensualidad. Número para jugar a la loto: 48.
— *Comer:* la persona amada está sinceramente enamorada y le desea. Número para jugar a la loto: 15.
— *Comprar:* sus proyectos amorosos estarán sujetos a agradables cambios. Número para jugar a la loto: 14.
— *Cortar:* la suerte le ayudará en sus objetivos. Número para jugar a la loto: 16.
— *Ver:* tendrá mucha salud y le sonreirá lo mejor de la vida. Número para jugar a la loto: 8.

Salmón: Es sinónimo de negocios ventajosos, de superioridad y de buenas alianzas. Número para jugar a la loto: 19.
— *Comer:* obtendrá una afortunada victoria en el juego. Número para jugar a la loto: 40.
— *Comprar:* le esperan acontecimientos positivos tanto para los negocios como para el amor. Número para jugar a la loto: 48.
— *Pescar:* uno de sus proyectos que creía naufragado se realizará de la mejor forma posible. Número para jugar a la loto: 48.
— *Ver uno:* su pareja estará más enamorada de usted que nunca. Número para jugar a la loto: 33.

Salsa: Véase *Tomate*.

Saltamontes: Desde tiempos inmemoriales está considerado como un símbolo de buena fortuna, sobre todo en los negocios relativos al comercio. Soñar con este animal es un óptimo auspicio porque anuncia grandes beneficios en sus negocios. Número para jugar a la loto: 6.

Saltar: Representa la potencia, la libertad y los golpes de suerte. Número para jugar a la loto: 27.
— *La cuerda:* la fortuna le ayudará de forma ventajosa en los encuentros y en los negocios. Número para jugar a la loto: 48.

— *Una fosa:* tiene que atreverse porque todo le está permitido y la suerte será su amiga. Número para jugar a la loto: 46.
— *Un muro:* todos sus esfuerzos dirigidos a la conquista del éxito serán premiados dentro de poco tiempo. Número para jugar a la loto: 41.
— *Un obstáculo:* una circunstancia muy favorable le permitirá realizar uno de sus proyectos. Número para jugar a la loto: 6.

Salvavidas: Representa la protección, la fidelidad y la constancia. Número para jugar a la loto: 37.
— *Comprar uno:* aunque tenga dudas, sus investigaciones le llevarán a descubrimientos interesantes. Número para jugar a la loto: 12.
— *Utilizar uno:* encontrará una ayuda en algunas personas de confianza que sabrán proteger sus secretos. Número para jugar a la loto: 14.
— *Ver uno:* ha cultivado amistades importantes, ahora le serán útiles para reconquistar el prestigio. Número para jugar a la loto: 6.

Salvia: Antiguamente se utilizaba mucho en herboristería como panacea para distintos males. Soñar con ella constituye un presagio favorable porque anuncia una rápida curación y pingües ganancias. Número para jugar a la loto: 22.

Sandalias: Representan el bienestar, la habilidad y el compromiso. Número para jugar a la loto: 36.
— *Comprarse unas:* dispondrá de ocasiones favorables para demostrar realmente sus capacidades. Número para jugar a la loto: 15.
— *Ponerse unas:* el éxito le espera con los brazos abiertos, ahora sólo depende de usted saberlo coger. Número para jugar a la loto: 10.
— *Ver unas:* pronto conseguirá triunfar en su profesión. Número para jugar a la loto: 5.

Sarcófago: Es sinónimo de misterio, de las revelaciones, de la intuición y de lo oculto. Número para jugar a la loto: 41.

— *Abrir uno:* algunas de sus buenas intuiciones le llevarán al éxito y a la notoriedad. Número para jugar a la loto: 13.
— *Encontrar uno:* encontrará algo que le pertenece y que había perdido. Número para jugar a la loto: 11.
— *Ver uno:* realizará seguramente y de forma óptima todos sus deseos. Número para jugar a la loto: 10.

Sartén: Representa la fecundidad, el placer, la unión y la lealtad. Número para jugar a la loto: 33.
— *Comprar una:* no debe tener miedo de aceptar una nueva propuesta de trabajo, ya que a buen seguro será muy adecuada para usted y económicamente provechosa. Número para jugar a la loto: 8.
— *Llenar una:* dará la vuelta con ventaja para usted a una situación complicada que amenazaba con superarle. Número para jugar a la loto: 6.
— *Utilizar una:* se afirmará en cada actividad que emprenda. Número para jugar a la loto: 10.
— *Ver una:* le espera un periodo rico de acontecimientos positivos y agradables. Número para jugar a la loto: 47.

Sastre: Representa la tozudez, la constancia y la laboriosidad. Número para jugar a la loto: 38.
— *Hablar con uno:* una mano amiga y desinteresada le sacará de un gran atolladero. Número para jugar a la loto: 13.
— *Ser uno:* en un futuro muy próximo conseguirá ganancias provechosas. Número para jugar a la loto: 13.
— *Ver uno:* alcanzará, junto con el prestigio, la posición por la que tanto ha luchado. Número para jugar a la loto: 7.

Satélite: Representa las incógnitas, la espera y la superación de las adversidades. Número para jugar a la loto: 47.
— *Artificial:* conseguirá realizar grandes empresas y eliminar a todos los adversarios. Número para jugar a la loto: 3.

— *Natural:* una improvisada fortuna visitará su casa. Número para jugar a la loto: 7.
— *Ver uno:* lo que está pasando ahora no debe asustarle porque precede a la fortuna que está a punto de llegar. Número para jugar a la loto: 7.

Saúco: Representa las satisfacciones, las ganancias, el bienestar y las curaciones. Tanto sus flores como sus frutos se utilizan en medicina. Número para jugar a la loto: 17.
— *Comer:* algunos encuentros afortunados colmarán su solicitud. Número para jugar a la loto: 38.
— *Recolectar:* se restablecerá rápidamente de una molesta enfermedad. Número para jugar a la loto: 8.
— *Ver:* todos sus esfuerzos dirigidos a la conquista del éxito se verán premiados. Número para jugar a la loto: 31.

Seda: Representa el éxito, la riqueza y la belleza. Número para jugar a la loto: 18.
— *Acariciar:* su magnetismo y su encanto le permitirán un éxito pleno. Número para jugar a la loto: 13.
— *Comprar:* su trabajo le dará satisfacciones por encima de cualquier expectativa. Número para jugar a la loto: 47.
— *Planchar:* conquistará el prestigio social. Número para jugar a la loto: 47.
— *Ver:* una gran intuición le ayudará a esquivar eventuales peligros que pueden amenazarle. Número para jugar a la loto: 32.

Seis: Véase *Números*.

Semillas: Son sinónimo de fecundidad, de renacimiento y de expectativas cumplidas. Número para jugar a la loto: 35.
— *Comprar:* hace bien esperando lo mejor de la vida porque lo obtendrá sin duda alguna y además con una relativa facilidad. Número para jugar a la loto: 10.

— *Plantar:* la fortuna ha decidido tomarle la ventaja en todos los campos. Número para jugar a la loto: 8.
— *Ver:* si teme una maternidad no deseada tiene que abandonar las dudas. Número para jugar a la loto: 49.

Sendero: Representa la superación de las adversidades, las pruebas superadas y superables. Número para jugar a la loto: 36.
— *Arbolado:* la alegría y la prosperidad visitarán su casa. Número para jugar a la loto: 6.
— *Recorrer uno:* le esperan un amor feliz y la tranquilidad económica. Número para jugar a la loto: 9.
— *Trazar uno:* de ahora en adelante su existencia estará ausente de preocupaciones. Número para jugar a la loto: 10.
— *Ver uno:* le indicarán el camino que debe seguir para alcanzar lo que desea; tiene que recorrerlo sin tardanza porque será afortunado. Número para jugar a la loto: 5.

Serenata: Representa el amor tierno y apasionado, la poesía y el deseo. Número para jugar a la loto: 39.
— *Cantar una:* vivirá muy pronto una historia de amor tierna y delicada. Número para jugar a la loto: 9.
— *Componer una:* encontrará muy pronto una persona verdaderamente importante para su futuro afectivo. Número para jugar a la loto: 9.
— *Tocar una:* la persona que desea le pertenecerá completamente. Número para jugar a la loto: 9.

Serpiente: Representa la sensualidad, la sabiduría, la inmortalidad y la fortuna que le protegerá contra todos los peligros. Número para jugar a la loto: 11.
— *Comerse una:* es un signo de aumento de la virilidad. Número para jugar a la loto: 9.
— *Matar una:* conseguirá una estrepitosa victoria sobre quien quería perjudicarle. Número para jugar a la loto: 13.

— *Ser mordido por una:* obtendrá muy pronto el apoyo de la fortuna que le proporcionará ricos dones. Número para jugar a la loto: 10.
— *Ver una:* saldrá ganador en una empresa dificultosa. Número para jugar a la loto: 7.

Siete: Véase *Números*.

Silla: Es sinónimo de resolución, de claridad y de tozudez. Número para jugar a la loto: 20.
— *Limpiar una:* conseguirá aclarar todos los malentendidos que le habían amargado hasta ahora. Número para jugar a la loto: 9.
— *Utilizar una:* su situación económica está en vías de mejora. Número para jugar a la loto: 6.
— *Ver una:* se mostrará más decidido de lo normal y esto mejorará considerablemente sus relaciones de trabajo. Número para jugar a la loto: 34.

Sillín: Representa la predisposición al mando, la voluntad férrea y la lucidez de juicio. Número para jugar a la loto: 31.
— *Comprar uno:* tiene que concentrar todas sus fuerzas en la consecución de los objetivos que se había fijado, el momento es más que favorable para triunfar. Número para jugar a la loto: 6.
— *Utilizar uno:* conseguirá obtener óptimos resultados de sus colaboradores. Número para jugar a la loto: 8.
— *Ver uno:* sabrá juzgar con benevolencia el error de su subalterno y se convertirá en un amigo sincero. Número para jugar a la loto: 45.

Sinagoga: Representa los acontecimientos inesperados, los buenos propósitos y los felices triunfos de las cuestiones pendientes. Número para jugar a la loto: 40.
— *Estar en una:* le darán la razón en una controversia referente a un incidente. Número para jugar a la loto: 7.
— *Rezar en una:* puede tener la certidumbre de que conseguirá alcanzar todos sus objetivos. Número para jugar a la loto: 9.

Soberanos: Véase *Reinantes*.

Sofá: Véase *Diván*.

Sol: Representa la voluntad, la energía, la creación y la esperanza. Número para jugar a la loto: 13.
— *Broncearse:* sus proyectos encontrarán una solución feliz. Número para jugar a la loto: 13.
— *Calentarse:* un acontecimiento sorprendente le proporcionará mucha alegría. Número para jugar a la loto: 11.
— *Verlo:* se le abrirán nuevos horizontes que traerán considerables mejoras a su vida cotidiana. Número para jugar a la loto: 27.

Soldado: Representa la fuerza, la cólera, el deber y el coraje. Número para jugar a la loto: 26.
— *Encontrarse con uno:* encontrará la fuerza de ánimo y el coraje suficientes para romper una unión que le hacía sufrir. Número para jugar a la loto: 9.
— *Hablar con uno:* alcanzará una posición de prestigio. Número para jugar a la loto: 46.
— *Ser uno:* ha llegado el momento para usted de arriesgarse; vencerá con toda seguridad. Número para jugar a la loto: 46.
— *Ver uno:* una decisión tomada con precipitación será muy afortunada. Número para jugar a la loto: 40.

Soldado de infantería: Es sinónimo de fuerza, de coraje, de protección y de justicia. Número para jugar a la loto: 16.
— *Ser uno:* recibirá buenas noticias que serán el preludio para un futuro mejor. Número para jugar a la loto: 9.
— *Ver uno:* tendrá una vida serena y de afectos sinceros y duraderos. Número para jugar a la loto: 3.

Soldado raso: Representa el deber, la fidelidad y las amistades sinceras y duraderas. Número para jugar a la loto: 46.

— *Encontrar uno:* tiene que perseverar y muy pronto recogerá los frutos. Número para jugar a la loto: 16.
— *Ser uno:* vivirá un amor apasionado, electrizante y lleno de imprevistos. Número para jugar a la loto: 12.
— *Ver uno:* progresará en su carrera gracias al apoyo de un superior que le aprecia mucho. Número para jugar a la loto: 6.

Sombra: Representa las consecuencias, las ayudas imprevistas y los acontecimientos inesperados. Número para jugar a la loto: 24.
— *De una casa:* sus amistades le ayudarán. Número para jugar a la loto: 37.
— *De personas:* recibirá buenas noticias. Número para jugar a la loto: 11.

Soñar: Soñar que se sueña es uno de los símbolos oníricos más afortunados. Por lo tanto, debe prestar mucha atención a todos los elementos que componen el sueño. Número para jugar a la loto: 25.

Sopa: Representa la paz, la tranquilidad y el final de las preocupaciones. Número para jugar a la loto: 19.
— *Comer una:* obtendrá considerables ventajas de un acontecimiento fortuito. Número para jugar a la loto: 7.
— *Preparar una:* en poco tiempo encontrará la solución adecuada a sus problemas. Número para jugar a la loto: 11.
— *Ver una:* aunque con algunos problemas todo se resolverá de la mejor manera posible. Número para jugar a la loto: 32.

Sor: Véase *Monja*.

Sultán: Representa las empresas fantásticas y misteriosas, el coraje y las situaciones imprevisibles. Número para jugar a la loto: 23.
— *Ser uno:* Alcanzará el éxito. Número para jugar a la loto: 43.
— *Ver a uno:* amigos poderosos le sacarán de un gran problema en el que había caído por llevar demasiados asuntos entre las manos. Número para jugar a la loto: 37.

T

Tabaco: Véase *Cigarrillos*.

Talismán: Representa lo oculto, el misterio y los acontecimientos extraordinarios. Número para jugar a la loto: 34.
— *Fabricarlo para otros:* la suerte le dará la intuición necesaria para conseguir dar la vuelta a una situación incómoda para usted. Número para jugar a la loto: 3.
— *Fabricarlo para uno mismo:* conseguirá forjarse su destino de la forma que desea. Número para jugar a la loto: 4.
— *Tenerlo:* gozará del apoyo de amigos de confianza que le ayudarán siempre y en cualquier caso. Número para jugar a la loto: 9.
— *Verlo:* un proyecto suyo que había sufrido un retraso incomprensible se resolverá de la mejor forma posible. Número para jugar a la loto: 48.

Tapiar: Simboliza las situaciones definidas, las decisiones indiscutibles y la voluntad. Número para jugar a la loto: 37.
— *Una fuente:* conseguirá encontrar la respuesta correcta a aquellos problemas por los que sentía aprensión. Número para jugar a la loto: 12.
— *Una puerta:* cobrará un crédito que creía que había perdido. Número para jugar a la loto: 11.
— *Una ventana:* cambiará de forma favorable una situación incómoda para usted. Número para jugar a la loto: 7.

Taza: Representa las mejoras, las esperanzas atendidas y las sorpresas. Número para jugar a la loto: 14.
- *Llenarla:* las iniciativas tomadas en este momento se encontrarán entre las más afortunadas. Número para jugar a la loto: 32.
- *Verla:* una sorpresa por parte de la persona amada le hará feliz. Número para jugar a la loto: 28.

Tejas: Simbolizan la protección, la seguridad, la tenacidad y la constancia. Número para jugar a la loto: 27.
- *Reparar:* conseguirá recuperar una actividad que se tambaleaba. Número para jugar a la loto: 6.
- *Ver:* una persona amiga le ayudará y le asegurará un porvenir sereno. Número para jugar a la loto: 41.

Tejón: Este animal está considerado de buen augurio para los apostantes y para los jugadores de azar. Soñar con él indica una fortuna indecible. Número para jugar a la loto: 25.

Telegrama: Véase *Carta*.

Telescopio: Representa la continuidad, la previsión y los viajes. Número para jugar a la loto: 8.
- *Comprarlo:* encontrará las soluciones más adecuadas para sus problemas existenciales. Número para jugar a la loto: 10.
- *Utilizarlo:* todas sus expectativas encontrarán una feliz confirmación. Número para jugar a la loto: 12.
- *Verlo:* todos los caminos estarán abiertos para usted y la fortuna le ayudará a escoger el más correcto. Número para jugar a la loto: 13.

Televisión: Representa las informaciones, las capacidades intelectuales y los cambios positivos. Número para jugar a la loto: 10.
- *Comprar una:* finalmente le asignarán ese aumento que había pedido. Número para jugar a la loto: 12.

— *Reparar una:* conseguirá alejarse con gran habilidad de las responsabilidades demasiado comprometedoras que no le incumbían. Número para jugar a la loto: 16.
— *Verla:* encontrará un apoyo inesperado en uno de sus superiores que le aprecia. Número para jugar a la loto: 15.

Telón: Representa las incógnitas, los secretos y las expectativas. Número para jugar a la loto: 22.
— *Abrir uno:* encontrará alternativas muy válidas a una situación laboral que ya no le satisface. Número para jugar a la loto: 48.
— *Cerrar uno:* si mantiene a buen recaudo sus secretos, la fortuna le ayudará a resolver una situación intrincada. Número para jugar a la loto: 7.
— *Ver uno:* aunque se plantee metas fuera de lo común, las alcanzará sin problemas. Número para jugar a la loto: 36.

Terciopelo: Representa la comodidad, el éxito y la prosperidad. Número para jugar a la loto: 7.
— *Comprar:* dentro de poco obtendrá mejoras considerables en el campo económico. Número para jugar a la loto: 9.
— *Coser:* este es el momento adecuado para emprender nuevas actividades que resultarán sin duda alguna afortunadas. Número para jugar a la loto: 16.
— *Planchar:* resolverá de forma oportuna una situación que podía revelarse muy peligrosa. Número para jugar a la loto: 9.
— *Ver:* su iniciativas resultarán muy favorecidas por la suerte y le aportarán seguramente un considerable prestigio. Número para jugar a la loto: 12.

Tierra: Simboliza la mujer, la madre y la fecundidad. Número para jugar a la loto: 38.
— *Ararla (para un hombre):* está muy favorecido en el campo sentimental. Número para jugar a la loto: 1.

— *Ararla (para una mujer):* su encanto le ayudará a abrirse camino en el corazón de la persona que le interesa. Número para jugar a la loto: 11.
— *Labrarla:* conseguirá ver cumplidos todos sus objetivos aunque con un poco de cansancio. Número para jugar a la loto: 12.
— *Recoger (para un hombre):* superará de forma brillante todos los obstáculos. Número para jugar a la loto: 5.
— *Recoger (para una mujer):* su compañero le amará de forma incondicional. Número para jugar a la loto: 6.

Tilo: Esta planta de flores muy olorosas está considerada desde hace años de muy buen auspicio para las personas enfermas. Soñar con ella anuncia de forma anticipada una curación rápida y el mantenimiento de una perfecta salud. Número para jugar a la loto: 23.

Timón: Representa el mando, el poder, la paciencia y la voluntad. Número para jugar a la loto: 27.
— *Conducir con uno:* conseguirá destacar en una actividad que ha iniciado casi como pasatiempo. Número para jugar a la loto: 7.
— *Ver uno:* en su casa será el rey. Número para jugar a la loto: 41.

Tintero: Es sinónimo de noticias, de paciencia y de constancia. Número para jugar a la loto: 46.
— *Utilizar uno:* le esperan cambios favorables tanto para los estudios como para su profesión. Número para jugar a la loto: 14.
— *Ver uno:* no debe descuidar ningún intento porque finalmente conseguirá encontrar la ocupación que deseaba. Número para jugar a la loto: 6.

Tipografía: Representa el trabajo, la voluntad, la esperanza y las ganancias. Número para jugar a la loto: 13.
— *Estar en una:* conseguirá ayudar a hacer carrera a una persona que aprecia mucho. Número para jugar a la loto: 16.

— *Trabajar en una:* una insólita fortuna le ayudará en su empresa. Número para jugar a la loto: 9.
— *Ver una:* su nueva profesión le dará grandísimas satisfacciones. Número para jugar a la loto: 9.

Tiza: Esta piedra está considerada, desde hace muchos siglos, como un potente amuleto para alejar los malos pensamientos, reconciliar a los litigantes y procurar grandes ingresos de dinero. Soñar con ella es siempre un óptimo auspicio porque significa que todos su deseos se cumplirán dentro de muy poco tiempo. Número para jugar a la loto: 28.

Tocadiscos: Es sinónimo de entusiasmo, de gozo y de alegría. Número para jugar a la loto: 13.
— *Transportar uno:* un golpe de fortuna inesperado le permitirá realizar todo lo que hasta ayer era sólo una esperanza. Número para jugar a la loto: 11.
— *Utilizar uno:* alcanzará la armonía y un entendimiento perfecto con todas quellas personas que quiere. Número para jugar a la loto: 8.
— *Ver uno:* un encuentro casual le hará salir de su tristeza. Número para jugar a la loto: 9.

Tocino: Representa los ahorros, los ingresos ventajosos y las ganancias imprevistas. Número para jugar a la loto: 32.
— *Cocinarlo:* conseguirá alejar de usted a una persona que es su enemiga. Número para jugar a la loto: 9.
— *Comerlo:* le ofrecerán oportunidades brillantes para poderse afirmar en su trabajo. Número para jugar a la loto: 8.
— *Comprarlo:* conseguirá reanudar las relaciones con las personas influyentes que le serán muy útiles en el futuro. Número para jugar a la loto: 7.
— *Verlo:* sus superiores han apreciado su trabajo y le darán pruebas de estima y consideración. Número para jugar a la loto: 46.

Toga: Simboliza las amistades acomodadas, el juicio y la capacidad de discernimiento. Número para jugar a la loto: 21.
- *Comprar una:* ya está preparado para enfrentarse a sus adversarios y conseguirá derrotarlos. Número para jugar a la loto: 5.
- *Tener una:* ha llegado el momento propicio para mantener una entrevista con sus superiores; obtendrá lo que desea. Número para jugar a la loto: 5.
- *Ver una:* todos sus amigos son sinceros y le darán una mano para salir de una posición crítica. Número para jugar a la loto: 35.

Tomate: Representa la riqueza, la alegría y la fidelidad. Número para jugar a la loto: 30.
- *Cocinarlo:* recibirá una condecoración que ya no esperaba. Número para jugar a la loto: 6.
- *Comerlo:* vivirá en la riqueza y en la abundancia. Número para jugar a la loto: 6.
- *Comprarlo:* conseguirá obtener un crédito sobre el que ya no tenía esperanzas. Número para jugar a la loto: 14.
- *Verlo:* no debe temer nada, de ahora en adelante la fortuna estará de su parte. Número para jugar a la loto: 44.

Topacio: En la Antigüedad se llevaba dentro de un saquito para alejar el mal de ojo, ya que proporcionaba la fuerza necesaria para superar todos los influjos negativos, y se regalaba montado sobre un anillo a la persona amada para inducirla a la fidelidad. Soñar con esta piedra es un buen presagio que anuncia un amor sincero y el triunfo sobre los odios y las venganzas. Número para jugar a la loto: 35.

Topo: Simboliza la laboriosidad, los objetivos alcanzados y el deseo de triunfar. Número para jugar a la loto: 22.
- *Capturarlo:* de ahora en adelante planteará su actividad de forma más rentable. Número para jugar a la loto: 11.
- *Verlo:* conseguirá llevar a término de la mejor forma posible una difícil tarea que le han confiado. Número para jugar a la loto: 36.

Torneo: Representa el triunfo, la fuerza, la potencia y la competición. Número para jugar a la loto: 32.
- *Convocar uno:* el éxito está en sus manos y la suerte será su amiga durante mucho tiempo. Número para jugar a la loto: 14.
- *Participar en uno:* recibirá una invitación que será muy afortunada para usted. Número para jugar a la loto: 16.
- *Ver uno:* dispersará a todos sus opositores y obtendrá el cargo que desea. Número para jugar a la loto: 46.

Toro: Representa la sensualidad, la potencia, la dignidad y la seguridad. Número para jugar a la loto: 24.
- *Comprar uno:* le esperan ingresos inesperados y considerables. Número para jugar a la loto: 8.
- *Ganar uno:* superará de forma brillante cualquier controversia en la que está metido. Número para jugar a la loto: 43.
- *Luchar con uno:* la respuesta que está esperando le será favorable. Número para jugar a la loto: 45.
- *Ver uno:* conseguirá consolidar una unión afectiva. Número para jugar a la loto: 38.

Torre: Simboliza el éxito, la conquista y la generosidad. Número para jugar a la loto: 32.
- *Construir una:* la fortuna le dará un buen olfato para los negocios. Número para jugar a la loto: 11.
- *Invadir una:* favorecido por una considerable «fuerza», conseguirá hacerse visible a sus superiores. Número para jugar a la loto: 13.
- *Ver una:* la fama le acompañará. Número para jugar a la loto: 46.
- *Visitar una:* conseguirá mantener importantes contactos sociales. Número para jugar a la loto: 14.

Torrente: Véase *Arroyo*.

Torta: Antiguamente se la consideraba un talismán contra los peligros del fuego. Número para jugar a la loto: 30.

— *Comer una:* es objeto de programas favorables para una promoción. Número para jugar a la loto: 6.
— *Comprar una:* alcanzará el bienestar con la ayuda de personas influyentes. Número para jugar a la loto: 14.
— *Ver una:* conseguirá alcanzar sus objetivos. Número para jugar a la loto: 44.

Tórtola: Representa la dulzura, el amor y la sinceridad. Número para jugar a la loto: 35.
— *Alimentar una:* la persona querida le pertenece de forma absoluta. Número para jugar a la loto: 10.
— *Acariciar una:* recibirá regalos muy bonitos por parte de la persona que aprecia. Número para jugar a la loto: 12.
— *Criar una:* su relación sentimental es perfecta, cercana a la boda. Número para jugar a la loto: 8.
— *Cuidar una:* la persona que le ha abandonado volverá más enamorada que nunca. Número para jugar a la loto: 6.
— *Ver una:* está a punto de llegar para usted un amor arrebatador. Número para jugar a la loto: 49.

Tortuga: Representa la inmortalidad; antiguamente se utilizaba como talismán para preservar a las personas del mal de ojo y de todas las prácticas de magia negra; además, se le atribuía el poder de curar enfermedades y de alargar la vida. Soñar con ella indica que alcanzará la prosperidad, la sabiduría y el amor. Número para jugar a la loto: 38.

Tráiler: Representa la potencia, la fuerza, la voluntad y el coraje. Número para jugar a la loto: 39.
— *Conducir uno:* ¡cuidado! No debe abandonar los proyectos que tiene entre manos porque seguramente acabarán bien. Número para jugar a la loto: 10.
— *Ver uno:* se están acabando finalmente las adversidades que le han tenido en ascuas; de ahora en adelante todo irá sobre ruedas. Número para jugar a la loto: 8.

Traje espacial: Representa la seguridad, el atrevimiento y la capacidad de adaptación. Número para jugar a la loto: 14.
— *Ponerse uno:* está a punto de llegar para usted una fabulosa ocasión que le proporcionará la forma de hacerse apreciar. Número para jugar a la loto: 15.
— *Ver uno:* atravesará una fase de renovación en la que conseguirá colocar las premisas para un futuro espléndido. Número para jugar a la loto: 10.

Transatlántico: Representa los viajes afortunados, los desplazamientos y las incógnitas. Número para jugar a la loto: 14.
— *Botar uno:* le ofrecerán muchas ocasiones para poder alcanzar una posición prestigiosa. Número para jugar a la loto: 10.
— *Estar sobre uno:* tiene que afrontar con seguridad incluso las empresas más audaces, porque seguramente acabarán bien. Número para jugar a la loto: 17.
— *Ver uno:* se verá favorecido por la suerte en la búsqueda de un empleo adecuado para usted. Número para jugar a la loto: 10.

Trébol: En las antiguas creencias populares se considera como un potente amuleto para los asuntos del corazón; por esta razón los enamorados se lo intercambian normalmente en señal de amor y fidelidad perenne. Soñar con él es de buen augurio porque significa que su amor no sufrirá nunca sacudidas. Número para jugar a la loto: 28.

Trébol de cuatro hojas: Desde hace milenios y en casi todos los pueblos se ha considerado un potente portador de fortuna. Quien consigue encontrarlo, en general, lo deja secar y lo lleva en el monedero para procurarse dinero y buena suerte. Además, se utiliza mucho como don entre los enamorados, que se lo regalan recíprocamente para que su amor sea duradero. Soñar con él constituye un óptimo presagio de fortuna en todos los campos. Número para jugar a la loto: 15.

Tren: Representa las incógnitas, la libertad, la protección y las ayudas inesperadas. Número para jugar a la loto: 24.
— *Coger uno:* le propondrán un traslado; tiene que aceptarlo aunque al principio no le convenza, porque se revelará muy fructífero. Número para jugar a la loto: 5.
— *Conducir uno:* tiene que mover bien sus piezas porque el éxito se encuentra ahora al alcance de su mano. Número para jugar a la loto: 13.
— *Ver uno:* tendrá agradables sorpresas en el campo profesional. Número para jugar a la loto: 40.

Trenza: Simboliza las uniones duraderas, las asociaciones afortunadas y las amistades. Número para jugar a la loto: 28.
— *Hacer una (para un hombre):* actuará con previsión y sus socios le reconocerán justamente sus méritos. Número para jugar a la loto: 17.
— *Hacer una (para una mujer):* conquistará a esa persona que tanto le gusta. Número para jugar a la loto: 9.
— *Peinar una (para un hombre):* conseguirá curarse finalmente de sus celos innatos. Número para jugar a la loto: 5.
— *Peinar una (para una mujer):* la diosa Fortuna le permitirá mantenerse joven durante mucho tiempo. Número para jugar a la loto: 15.
— *Ver una:* el destino le reservará amistades fieles y desinteresadas. Número para jugar a la loto: 42.

Tres: Véase *Números*.

Trineo: Representa la alegría, los regalos y los resultados satisfactorios. Número para jugar a la loto: 37.
— *Conducir uno:* la suerte es su amiga y le procurará muchos acontecimientos agradables. Número para jugar a la loto: 8.
— *Ir sobre uno:* recibirá regalos fabulosos de un admirador desconocido. Número para jugar a la loto: 8.

— *Ver uno:* le esperan momentos felices pasados con sus seres queridos. Número para jugar a la loto: 6.

Trompeta: Representa el triunfo, las capacidades de triunfar y la sinceridad. Número para jugar a la loto: 42.
— *Comprar una:* la diosa Fortuna le ayudará a aclarar algunos malentendidos dándole la oportunidad de darles la vuelta para que le favorezcan. Número para jugar a la loto: 8.
— *Encontrar una:* a través de algún conocido se le presentará la oportunidad de abrirse camino y de alcanzar la seguridad económica. Número para jugar a la loto: 12.
— *Tocar una:* su vida mejorará de improviso. Número para jugar a la loto: 12.
— *Ver una:* no debe tener miedo y hablar libremente; tenga en cuenta que le apreciarán por su sinceridad. Número para jugar a la loto: 11.

Trono: Simboliza el orgullo, la aptitud para el mando y la capacidad de juicio. Número para jugar a la loto: 27.
— *Estar sobre uno:* circunstancias afortunadas le harán progresar en la carrera. Número para jugar a la loto: 12.
— *Limpiar uno:* conseguirá instalar el orden y la disciplina en un ambiente de trabajo obstaculizado por algunas personas hostiles. Número para jugar a la loto: 7.
— *Ver uno:* gozará de considerables mejoras referentes a su actividad. Número para jugar a la loto: 41.

Trucha: Representa la perspicacia, los buenos negocios y el ingenio. Número para jugar a la loto: 29.
— *Cocinar una:* el destino le es favorable y le permitirá llegar hasta lo más alto de esa cuestión que tanto le afectaba. Número para jugar a la loto: 14.
— *Comer una:* alcanzará una posición financiera muy anhelada. Número para jugar a la loto: 5.

— *Pescar una:* sacará provecho con mucha habilidad de una situación que le afectará sólo de manera indirecta. Número para jugar a la loto: 13.
— *Ver una:* algunos de sus experimentos serán de gran utilidad. Número para jugar a la loto: 43.

Tulipán: Esta flor representa la pureza, la simplicidad y la constancia; en el lenguaje amoroso significa «te espero». Soñar con él es siempre un bonito presagio porque anuncia de antemano amores fieles y encuentros positivos. Número para jugar a la loto: 29.

Túnel: Representa las incógnitas, la voluntad férrea y el coraje. Número para jugar a la loto: 19.
— *Entrar en uno:* no debe tener miedo de enfrentarse a nuevas situaciones porque la suerte le ayudará a salir adelante con dignidad. Número para jugar a la loto: 6.
— *Excavar uno:* conseguirá quedar primero en un concurso referente a sus estudios. Número para jugar a la loto: 46.
— *Ver uno:* desvelará de forma sorprendente las trampas de quien quería perjudicarle. Número para jugar a la loto: 33.

Turquesa: Esta es la piedra que más se utiliza para confeccionar talismanes y amuletos porque posee más que otras el poder de proteger de los hechizos y de los espíritus malignos. Según la tradición antigua se cree que al acercarse a un peligro cambia de color para poner en guardia a la persona que la posee; además tiene la capacidad de consolidar las amistades, aplacar las discusiones y preservar de los ataques de las personas enemigas. Soñar con ella es siempre un bonito presagio tanto para los enamorados a los que concede la armonía perfecta, como para los negocios porque anuncia que se conducirán de forma conveniente y de la mejor forma posible. Número para jugar a la loto: 38.

U

Umbral: Véase *Puerta*.

Uniforme: Representa la gloria, el sentido del deber y la solidaridad. Número para jugar a la loto: 37.
— *Planchar uno:* superará de forma brillante algunos contratiempos y adversidades. Número para jugar a la loto: 12.
— *Ponerse uno:* con sus obras alcanzará la fama, la gloria y el éxito. Número para jugar a la loto: 11.
— *Ver uno:* todas sus expectativas, incluso las más audaces, encontrarán una agradable gratificación. Número para jugar a la loto: 6.

Unir: Simboliza la fuerza de voluntad, la vitalidad y la ambición. Número para jugar a la loto: 20.
— *Cosas:* contraerá matrimonio con una persona rica. Número para jugar a la loto: 44.
— *Partes:* alcanzará una fortuna considerable. Número para jugar a la loto: 10.
— *Personas:* su unión se verá preservada de la envidia de personas malvadas. Número para jugar a la loto: 7.

Universidad: Véase *Escuela*.

Universo: Representa la espiritualidad, la elevación y la magia. Este símbolo onírico es uno de entre los más bonitos y afortunados y no por casualidad refleja una experiencia astral real ya aparecida. Soñar que se encuentra en el universo y que es un todo con él significa que su ánimo es sereno y dado al altruismo y a la investigación interior, que posee una viva inteligencia proyectada hacia el futuro y que todo lo que emprenderá irá de la mejor forma posible. Número para jugar a la loto: 39.

Uno: Véase *Números*.

Uranio: Simboliza la investigación, la intuición y la superación de obstáculos. Número para jugar a la loto: 25.
— *Trabajar con:* tomará una decisión que le llevará a obtener una ventaja sobre sus colegas de trabajo. Número para jugar a la loto: 12.
— *Transportar:* conseguirá sorprender a personas que le interesan profesionalmente. Número para jugar a la loto: 14.
— *Ver:* conseguirá descubrir justo a tiempo un intento de perjudicarle. Número para jugar a la loto: 39.

Urna: Representa el pasado, los secretos y los dones inesperados. Número para jugar a la loto: 12.
— *Abrir una:* encontrará personas que había olvidado y que le serán muy útiles para su trabajo. Número para jugar a la loto: 38.
— *Ver una:* la diosa Fortuna le dará un montón de cosas agradables. Número para jugar a la loto: 26.

Uva: Representa la riqueza, la fortuna y también la felicidad. Número para jugar a la loto: 4.
— *Blanca:* hay una persona que piensa constantemente en usted. Número para jugar a la loto: 12.
— *Coger:* su vida será tranquila. Número para jugar a la loto: 30.
— *Comer:* todas las cosas más bonitas están al alcance de su mano. Número para jugar a la loto: 25.
— *Comprar:* la diosa Fortuna le ayudará a superar los obstáculos y a alcanzar lo que desea. Número para jugar a la loto: 33.
— *Negra:* recuperará un amor perdido. Número para jugar a la loto: 27.

V

Vaca: Representa la abundancia, la fecundidad y la riqueza material y espiritual. Número para jugar a la loto: 7.
— *Comprar una:* en los contactos de trabajo se encontrará en una posición de ventaja gracias a su habilidad. Número para jugar a la loto: 36.
— *Ordeñar una:* la suerte está con usted y le regalará múltiples privilegios. Número para jugar a la loto: 40.
— *Ver una:* alcanzará sin demasiado cansancio todos sus objetivos. Número para jugar a la loto: 21.

Vainilla: Representa la solidez, la consolidación, la tolerancia y la confianza. Número para jugar a la loto: 27.
— *Comprar:* superará de forma brillante un momento de crisis que le había hecho perder la tranquilidad. Número para jugar a la loto: 11.
— *Utilizar:* mejorará considerablemente su imagen y su posición social. Número para jugar a la loto: 13.
— *Ver:* conseguirá todos sus objetivos obteniendo riqueza y satisfacción. Número para jugar a la loto: 41.

Valle: Simboliza la tranquilidad, la armonía familiar y la serenidad. Número para jugar a la loto: 10.
— *A través de uno:* todos sus seres queridos le aman y desean sólo su bien. Número para jugar a la loto: 43.

— *Estar en uno:* llevará a término de forma favorable las empresas empezadas. Número para jugar a la loto: 40.
— *Ver uno:* acabará a tiempo y de la mejor forma posible un trabajo que le había estresado. Número para jugar a la loto: 24.

Vapor: Simboliza la fuerza, la energía y la temeridad. Número para jugar a la loto: 19.
— *Hacer:* la diosa Fortuna le ayudará en un acontecimiento considerado muy arriesgado. Número para jugar a la loto: 43.
— *Ver:* la suerte le reserva bienes y glorias. Número para jugar a la loto: 33.

Vaso: Es sinónimo de buena voluntad, de discernimiento y de voluntad de triunfar. Número para jugar a la loto: 15.
— *Con agua:* recibirá usted grandes pruebas de afecto. Número para jugar a la loto: 25.
— *Con cerveza:* no se preocupe demasiado por sus achaques, todo irá bien. Número para jugar a la loto: 41.
— *Con vino:* las amistades que ha cultivado hasta este momento le serán muy útiles para la escalada hasta el éxito. Número para jugar a la loto: 33.

Velada con baile: Simboliza la alegría, la esperanza y la simpatía. Número para jugar a la loto: 42.
— *Estar en una:* está a punto de llegar para usted un montón de bonitas y agradables novedades. Número para jugar a la loto: 9.
— *Organizar una:* todas las dificultades que se oponían a sus deseos de ascender su puesto de trabajo serán superadas felizmente. Número para jugar a la loto: 12.
— *Ver una:* vivirá momentos tiernos y divertidos con la persona amada. Número para jugar a la loto: 11.

Velo: Representa el misterio, las ocasiones insólitas y afortunadas y las oportunidades. Número para jugar a la loto: 12.

— *Comprar uno:* no debe temer nada porque sus amigos mantendrán el secreto que le preocupa. Número para jugar a la loto: 41.
— *Ponerse uno:* gracias a su discreción conseguirá salvar a sus enemigos de una situación muy molesta. Número para jugar a la loto: 49.
— *Ver uno:* tiene que mantener bien guardadas sus intenciones reales y conseguirá alcanzar lo que le interesa. Número para jugar a la loto: 26.

Velódromo: Simboliza los riesgos calculados, el atrevimiento, la capacidad de actuar y las ganancias cuantiosas. Número para jugar a la loto: 33.
— *Entrar en uno:* alcanzará el bienestar. Número para jugar a la loto: 11.
— *Estar en uno:* aunque se ha atrevido a mucho y quizá precisamente por ello, la fortuna le ayudará proporcionándole fabulosas ganancias. Número para jugar a la loto: 9.
— *Ver uno:* le esperan importantes triunfos en el juego. Número para jugar a la loto: 47.

Vendar: Es sinónimo de altruismo, de caridad y de bondad de ánimo. Número para jugar a la loto: 22.
— *Animales:* realizará felizmente todos sus deseos y sus aspiraciones. Número para jugar a la loto: 7.
— *Personas:* debe abandonar las incertidumbres. Es amado y deseado. Número para jugar a la loto: 9.

Vendimia: Representa la felicidad, la abundancia y la alegría. Ver vendimiar o participar en una vendimia significa que tendrá amores felices y que sus ganancias aumentarán. Número para jugar a la loto: 35.

Ventana: Personifica el futuro, las buenas noticias y las esperas. Número para jugar a la loto: 24.
— *Abrir una:* está a punto de llegarle una importante novedad en el campo amoroso. Número para jugar a la loto: 5.

— *Pintar una:* todas sus expectativas encontrarán una confirmación feliz. Número para jugar a la loto: 13.

Verbena: Representa el gozo, las buenas amistades y la alegría. Número para jugar a la loto: 25.
— *Organizar una:* sus méritos serán reconocidos por la persona que quiere y que muy pronto le pertenecerá completamente. Número para jugar a la loto: 13.
— *Participar en una:* las cuestiones que tiene en suspenso se resolverán en favor suyo. Número para jugar a la loto: 9.
— *Ver una:* no debe poner límites a su fantasía y a sus deseos, conseguirá alcanzar todo lo que le corre prisa. Número para jugar a la loto: 39.

Verde: Véase *Colores*.

Verja: Representa el misterio, el secreto y los acontecimientos inusitados e inesperados. Número para jugar a la loto: 19.
— *Abrir una:* de ahora en adelante todo le aparecerá más claro y no encontrará más obstáculos en su camino. Número para jugar a la loto: 45.
— *Ver una:* todo esto que hasta ahora ha deseado se cumplirá. Número para jugar a la loto: 33.

Vestir: Simboliza la dedicación, el altruismo, la conquista. Número para jugar a la loto: 40.
— *Muñecas:* la persona de la que está enamorado y que corteja desde hace mucho tiempo caerá finalmente en sus redes. Número para jugar a la loto: 11.
— *Personas:* para las personas solteras está próximo un fabuloso encuentro; para las que ya están comprometidas, un inminente matrimonio. Número para jugar a la loto: 9.

Víbora: Véase *Serpiente*.

Vid: Representa la salud y la superación de los obstáculos. Número para jugar a la loto: 15.
— *Abonarla:* su salud no corre ningún peligro, sólo se trata de malestares pasajeros que se resolverán muy pronto. Número para jugar a la loto: 33.
— *Verla:* un encuentro afortunado constituirá la solución a su soledad. Número para jugar a la loto: 29.

Vidente: Es sinónimo de experiencia, de fuerzas ocultas y de futuro. Número para jugar a la loto: 37.
— *Acompañar a uno:* conseguirá alcanzar gracias a sus dones una posición envidiable. Número para jugar a la loto: 12.
— *Ser uno:* un acontecimiento imprevisto le llevará a asumir el poder. Número para jugar a la loto: 12.
— *Ver a uno:* gracias a una buena intuición sus entradas aumentarán de forma considerable. Número para jugar a la loto: 6.

Videojuego: Representa el futuro, las novedades y el bienestar. Número para jugar a la loto: 45.
— *Comprar uno:* a partir de este momento sus actividades irán viento en popa. Número para jugar a la loto: 11.
— *Jugar con uno:* no debe abandonar un proyecto sólo por un banal momento de cansancio, está destinado al éxito. Número para jugar a la loto: 11.
— *Tener uno:* conseguirá la fama y el éxito. Número para jugar a la loto: 11.
— *Ver uno:* le darán un buen consejo; tiene que escucharlo bien porque si hace caso de él tendrá la fortuna al alcance de la mano. Número para jugar a la loto: 14.

Vidrio: Representa las ventajas, las resoluciones y las ganancias. Número para jugar a la loto: 35.
— *Cortar:* sus anhelos amorosos serán plenamente correspondidos. Número para jugar a la loto: 12.

— *Soplar:* gracias a una circunstancia favorable conseguirá demostrar sus cualidades y que todos las aprecien. Número para jugar a al loto: 7.
— *Ver:* la suerte le ayudará en sus estudios y en sus investigaciones. Número para jugar a la loto: 49.

Viejo: Representa la seguridad, la sabiduría, los ideales y la fuerza de ánimo. Número para jugar a la loto: 24.
— *Encontrarse con uno:* se encuentra en un momento decisivo para su porvenir; desde ahora todo irá viento en popa. Número para jugar a la loto: 16.
— *Hablar con uno:* tiene que prestar mucha atención a lo que le dirán porque el mensaje onírico resultará uno de los más afortunados y verdaderos. Número para jugar a la loto: 44.
— *Ser uno:* conseguirá alcanzar la paz interior y la tranquilidad económica. Número para jugar a la loto: 44.
— *Ver a uno:* triunfará en todo lo que emprenda. Número para jugar a la loto: 38.

Vigilante: Es sinónimo de pasión, de constancia y de coincidencias afortunadas. Número para jugar a la loto: 46.
— *Encontrar uno:* la fortuna volverá muy pronto a sonreírle. Número para jugar a la loto: 16.
— *Ser uno:* ahora, el amor será muy importante para usted. Número para jugar a la loto: 12.

Villa: Representa la riqueza, la seguridad y la despreocupación. Número para jugar a la loto: 14.
— *Estar en una:* gracias a una donación, sus bienes aumentarán de forma considerable. Número para jugar a la loto: 44.
— *Tener una:* todo irá de la mejor forma posible en sus negocios y en sus finanzas. Número para jugar a la loto: 43.
— *Ver una:* recibirá noticias que constituirán el preámbulo para un futuro próspero y feliz. Número para jugar a la loto: 28.

Vinagrera: Desde hace milenios está considerada una planta que provoca mucha fortuna. Normalmente se recogen las semillas en un saquito para luego poder llevarlo consigo y tener así la protección contra la envidia, las maldiciones y el mal de ojo. Soñar con ella anuncia novedades favorables tanto en el campo del trabajo como en el afectivo. Número para jugar a la loto: 42.

Viña: Véase *Vid*.

Viola: En el lenguaje de las flores significa «piensa en mí». Los antiguos le atribuían el poder de influir de forma benéfica en las uniones afectivas. Soñar con ella constituye un bonito augurio para alcanzar el éxito en el campo de los negocios y en el campo artístico, también significa que sus historias de amor se desarrollarán felizmente. Número para jugar a la loto: 17.

Violeta: Véase *Colores*.

Violín: Representa el cumplimiento de los deseos, la solución de los problemas y los obstáculos superados. Número para jugar a la loto: 28.
— *Llevar uno:* ahora que ha atrapado a la fortuna no debe dejarla huir. Número para jugar a la loto: 45.
— *Tocar uno:* sus asuntos del corazón gozarán de la complicidad de la diosa Fortuna que le ayudará en las conquistas, incluso en las que le parecen imposibles. Número para jugar a la loto: 7.
— *Ver uno:* recibirá buenas noticias respecto a un asunto tambaleante que finalmente se resolverá con un triunfo. Número para jugar a la loto: 42.

Virgen: Representa la consolación, el respeto y la devoción. Número para jugar a la loto: 33.
— *Hablar con ella:* todos sus problemas encontrarán una solución fácil. Número para jugar a la loto: 8.

— *Verla:* su salud mejorará rápidamente. Número para jugar a la loto: 47.

Visón: Simboliza la riqueza, la importancia y el dominio. Número para jugar a la loto: 26.
— *Comprar uno:* recibirá una inesperada recompensa por todo lo que creía que había realizado en vano. Número para jugar a la loto: 10.
— *Criar uno:* encontrará soluciones válidas a sus dudas. Número para jugar a la loto: 8.
— *Ponerse su piel:* tiene que aprovechar este momento. Número para jugar a la loto: 9.
— *Ver uno:* existen posibilidades para alcanzar lo que desea. Número para jugar a la loto: 40.

Vivero: Simboliza la regeneración, la constancia, las ganancias y las inversiones. Número para jugar a la loto: 29.
— *Trabajar en uno:* tiene que creer en lo que el sueño le aconseja hacer, obtendrá mucha fortuna. Número para jugar a la loto: 7.
— *Ver uno:* tiene que aprovecharse de las ocasiones que se le ofrecerán porque no se repetirán más. Número para jugar a la loto: 43.

Volar: La aspiración de volar ha fascinado al hombre durante milenios. Este símbolo onírico es uno de los más afortunados porque refleja tanto el arquetipo del coraje, de la perseverancia y de la fuerza como el éxito y el triunfo de la inteligencia humana sobre la naturaleza. Soñar que se vuela de cualquier forma indica que triunfará en todo lo que quiera afrontar. Número para jugar a la loto: 15.

Volcán: Representa la aventura y la habilidad. Número para jugar a la loto: 14.
— *Entrar en uno:* llevará a buen término un proyecto arriesgado. Número para jugar a la loto: 46.
— *Ver uno:* sus acciones estarán protegidas por la suerte. Número para jugar a la loto: 28.

Z

Zafiro: Esta piedra hace que las personas que la posean sean amables. A los enamorados les induce a la fidelidad. Soñar con ella anuncia el reconocimiento de los méritos propios y provoca encuentros afortunados. Número para jugar a la loto: 30.

Zapatero: Representa la constancia. Número para jugar a la loto: 35.
— *Ser uno:* obtendrá ventajas de algunas acciones realizadas únicamente por bondad de ánimo. Número para jugar a la loto: 10.
— *Ver uno:* una próxima visita de personas queridas le traerá el bienestar y la felicidad. Número para jugar a la loto: 49.

Zapatos: Representan la protección. Número para jugar a la loto: 31.
— *Comprar:* reencontrará la alegría y la felicidad y conseguirá resolver los problemas que le acosan. Número para jugar a la loto: 6.
— *Ponerse unos:* debe tener paciencia y perseverancia porque está a punto de llegarle mucho dinero. Número para jugar a la loto: 14.

Zodiaco: Véase *Adivinación*.

Zorro: Representa la astucia. Número para jugar a la loto: 25.
— *Capturarlo:* descubrirá quién intentaba perjudicar su carrera. Número para jugar a la loto: 14.
— *Matarlo:* recuperará la fuerza necesaria para solucionar un desarreglo económico. Número para jugar a la loto: 45.

www.ingramcontent.com/pod-product-compliance
Lightning Source LLC
Chambersburg PA
CBHW081945230426
43669CB00019B/2931